大学生のためのキャリアデザイン
自分を知る・社会を知る・未来を考える

川﨑友嗣 編著
安川直志／安川志津香／堀田三和 著

ミネルヴァ書房

はじめに

　本書は主に大学1～2年次生を対象として、「ワークを通じてキャリアデザインを考える」ことを目的に編集されたキャリア教育科目のテキストです。したがって、第1章から第15章まで、15回の授業で完結するように構成されています。もちろん、就職活動をひかえた3年次生や就職活動中の4年次生に活用していただくことも可能です。

　大学生の皆さんが大学を卒業して「社会的・職業的自立」を果たしていくためには、その準備として、「社会を知る」「自分を知る」「将来を考える」ことが必要です。このような考え方に立ち、本書は第1部「社会で働くとは」（第1章～第5章）、第2部「自分を知るとは」（第6章～第10章）、第3部「将来を考えるとは」（第11章～第15章）の3部構成になっています。キャリア教育科目の授業を担当する教員や講師にとって土台となる基礎的な内容を盛り込んでいますので、授業においては、本書を第1章から第15章まで順番にすすめていただいてもかまいませんし、必要に応じて順番を変更したり、内容をアレンジしていただいてもかまいません。さまざまなかたちで活用していただければ幸いです。

　本書では、皆さんがこの社会でどう生きていきたいのかに気づき、その実現へむけて将来を設計するための方法をわかりやすく解説しています。また、掲載された多くのワークを通じて、自分を見つめ直し、将来の可能性を探求することができます。したがって、本書は読むだけのテキストではなく、自分とむき合うワークに取り組むテキストといえます。

　キャリアは、生涯をかけて自らつくりあげていくものです。キャリアの道を歩むには、「選ぶ」ことは重要ですが、選ぶことがすべてではありません。第1志望の大学に入ったとしても、それだけで満足のいく大学生活が送れるわけではありません。勉学に励み、クラブ・サークル活動に参加し、多くの友人たちと交流し、アルバイトもがんばるといった取り組みによって、充実した学生生活を実現することが可能になります。つまり、「選ぶ」だけでなく、選んだものを新たなステージで「育てる」ことも大切です。「職業人・社会人」という新たなステージでも充実した人生が過ごせるように、本書を活用して、準備をすすめていきましょう。それが、キャリアをつくりあげていく皆さんの旅立ちとなるのです。

編著者　関西大学

川﨑友嗣

目次

はじめに

第1部　社会で働くとは

第1章　働くことを知る……2
1　就業状態……2
2　従業上の地位……7
3　雇用形態……8
4　まとめ……9

第2章　産業と職業……10
1　産業と職業を理解する……10
2　産業分類と職業分類……12
3　産業と職業の関係……15
4　まとめ……17

第3章　職業世界を眺める……18
1　2つの職業理解……18
2　職業世界の「のぞき窓」……19
3　職業との関わりを考える……24
4　まとめ……25

第4章　産業とは何か……26
1　産業とは何かを理解する……26
2　産業の宿命……27
3　「業」の見方・とらえ方……30
4　まとめ……33

第5章　私にとっての「働く・就職する」とはについて考える……34
1　「働く・就職する」を考える意味……34
2　「働く」とは何か……36
3　「就職する」とは何か……39
4　まとめ……41

社会で働くために〈第1部のまとめ〉……42

第2部　自分を知るとは

第6章　なぜ、自分を知るのか……46
 1　職業人人生をエンジョイするために……46
 2　職業を選択するために……49
 3　成長や変化を意識しよう……52
 4　まとめ……53

第7章　時間をとおして自分を知る……54
 1　自分史をつくろう……54
 2　自分史から理解できる私……56
 3　まとめ……61

第8章　環境をとおして自分を知る……62
 1　環境とは何か……62
 2　環境と内的キャリア……65
 3　環境と社会性……68
 4　まとめ……69

第9章　職業との関わりから自分を知る……70
 1　職業と関わるとは……70
 2　職業と内的キャリア……73
 3　インターンシップ……76
 4　まとめ……77

第10章　「私」というキャラクター……78
 1　理解した「私」を整理する……78
 2　「私」というキャラクターを知る……81
 3　まとめ……85

自分理解を深めるために〈第2部のまとめ〉……86

第3部　将来を考えるとは

第 11 章　なぜ、将来を考えるのか……90
1　人生とは何か：時間……90
2　人生とは何か：環境……93
3　まとめ……96

第 12 章　私のワークとライフを考える……98
1　ワークとライフを考える……98
2　私という人間像……102
3　将来への希望……104

第 13 章　自分の将来を描く……106
1　どのような人生にしたいのか……106
2　どのようなワークとライフにしたいのか……108
3　私の将来の人物像について……109
4　人生の時間を考える……111
5　キャリアデザインを整理する……112
6　まとめ……113

第 14 章　キャリアプランをつくる……114
1　「自分のキャリア」って、どんなイメージ……114
2　キャリアプランの立て方……119

第 15 章　キャンパスライフから始める……122
1　大学生になって変化したこと……122
2　目的や目標をもつこと……123
3　学びを生かすこと……127

将来展望をもつために〈第 3 部のまとめ〉……130

キャリア教育概説──何のためのキャリア教育か……132

引用・参考文献……134

索　引……135

第1部

社会で働くとは

第1部では、「社会にでて働く」ということについて学んでいきます。まず、現在の日本における労働市場の現状を把握していきましょう。次に「産業」と「職業」の違いを理解し、それぞれにどのような分類があるかを学びます。これらの理解を通じて、自分にとっての「働く・就職する」ことの意味を考えていきましょう。

第1章 働くことを知る

この章で学ぶこと

世の中にはさまざまな働き方があります。就業状態、従業上の地位、雇用形態から見た働き方を知るとともに、労働統計をとおして労働市場の現状を理解し、自分自身の働き方を考えていきましょう。

1 就業状態

1 労働力人口と非労働力人口

皆さんが就職して働くということは、労働市場の中に入っていくということです。では、日本の労働市場には、どのような特徴があるでしょうか。本章では、「労働力調査」「雇用動向調査」などの統計データを用いて、労働市場の現状を学んでいきましょう。

最初に「就業状態」について学びます。労働力調査は、総務省統計局が毎月実施している調査です。労働力調査では、15歳以上人口について、「月末1週間（ただし12月は20～26日）に仕事をしたかどうか」を基準として、「就業状態」を図表1-1のように分類しています。このように、調査週間を1週間という短い期間に限定し、その期間に仕事をしたかどうかによって就業状態を分類する方法を「アクチュアル方式」または「労働力方式」といいます（総務省統計局、2015）。

図表1-1 就業状態（ILO基準）

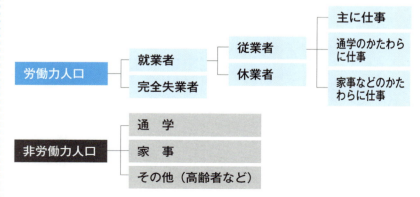

> **用語**
> **労働市場**
> 労働力を商品として、売り手（労働者）と買い手（資本家）の間で、需要と供給をめぐる取引が行われる市場のこと。

> 将来の職業を選択するには、職業の内容を知るだけでなく、どのような働き方があるのか、また労働市場の現状がどのようになっているのかを知ることも大切です。

「労働力人口」とは、15歳以上人口のうち、「就業者」と「完全失業者」を合わせたものをいいます。「就業者」は「従業者」と「休業者」に分かれます。一方、「非労働力人口」は、15歳以上人口のうち、「就業者」と「完全失業者」以外のもの、つまり「従業者」「休業者」「完全失業者」のいずれにも属さないものです。このように分類する考え方は、国際労働機関(ILO)が決議した国際基準に基づいており、「ILO基準」(1982年決議)と呼ばれています。

労働力調査（2018年平均）のデータによれば、就業状態別の人数は図表1-2の通りです（総務省統計局、2019年）。現在、日本の総人口は、約1億2,623万人ですので、労働力人口は、総人口のおよそ半分ということになります。なお、労働力人口か非労働力人口か不明確な回答者が含まれるため、これらの人数を合計しても、15歳以上人口とは一致しません。

図表1-2 就業状態別人数（2018年平均）

就業状態	人数（万人）
15歳以上人口	11,101
（1）労働力人口	6,830
①就業者	6,664
②完全失業者	166
（2）非労働力人口	4,263

出典：総務省「労働力調査」総務省統計局、2019年

2 就業者と完全失業者

さて、「就業者」と「完全失業者」について、見ていきましょう。先ほど見たように、「就業者」は「従業者」と「休業者」に分かれています。「従業者」とは、労働力調査の調査週間中に賃金、給料、諸手当、内職収入などの収入を伴う仕事を少しでも（1時間以上）した者をいいます。また、「休業者」とは、仕事をもっていながら調査週間中に病気や休暇などのために仕事をしなかった者のうち、①雇用者（その仕事が会社などに雇われてする仕事である場合）で、仕事を休んでいても給料・賃金の支払を受けている者、または受けることになっている者、②自営業主（その仕事が自分で事業を経営して行う仕事である場合）で、自分の経営する事業をもったままで、その仕事を休み始めてから30日にならない者をいいます（総務省統計局、2015年）。労働力調査では、この「従業者」と「休業者」を合わせたものが「就業者」であり、いわゆる「働いている者」ということになります。

では、「完全失業者」とはどのような状態を指すのでしょうか。「完全」という用語は労働統計で用いる独特の表現であり、「完全失業者」と完全ではない「失業者」があるわけではありません。また、失業者と聞くと、職を失った者というイメージをもつ人も多いと思いますが、それも正しくありません。「完全失業者」とは、次の3つの要件を満

学生の皆さんが、労働力調査の回答者になったとします。その調査週間中に、1時間以上アルバイトをした場合は、図表1-1に示された「従業者」のうちの「通学のかたわらに仕事をしていた」に該当します。つまり、就業状態は「就業者」ということですね。

たす者のことをいいます。
①仕事がなくて調査週間中に少しも仕事をしなかった
②仕事があればすぐ就くことができる
③調査週間中に求職活動をしていた

つまり、「完全失業者」とは職を失った人ではなく、現在は職に就いていなくて、職探しをしている人ということになります。図表1-2で見たように、労働力調査（2018年平均）の結果によれば、完全失業者は166万人でした。では、完全失業者は、どのような理由で職探しをしているのでしょうか。同じく労働力調査の結果で、求職理由別に見た完全失業者166万人の内訳を確認してみましょう（図表1-3）。

図表1-3　求職理由別完全失業者数（2018年平均）

就業状態	人数（万人）
（1）定年または雇用契約の満了による離職	18
（2）勤め先や事業の都合による離職	22
（3）自発的な離職（自己都合）	71
（4）学卒未就職	6
（5）収入を得る必要が生じたから	18
（6）その他	15
（7）不詳	16

出典：総務省「労働力調査」総務省統計局、2019年

（1）と（2）を合わせて「非自発的な離職」（40万人）と呼びます。必ずしも辞めたくて辞めたわけではなく、定年や勤め先の都合で退職して、職探しをしている人たちです。（3）「自発的な離職（自己都合）」は自分や家族の都合で離職した人です。「自己都合」と呼ばれますが、自分自身だけでなく家族の都合による離職も含まれています。ここで注目されるのは、（3）「自発的な離職」は71万人と、「非自発的な離職」を上回っているということです。しかも、「非自発的な離職」のうち、18万人は（1）「定年や雇用契約の満了」によって離職し、職探しをしている人ですので、（2）「勤め先や事業の都合による離職」、いわゆる会社など勤め先の都合による失業者は22万人であり、失業者166万人の中で、それほど多くないことがわかります。なお、（4）「学卒未就職」は、学校を卒業して新たに仕事を探し始めた者、（5）は「収入を得る必要が生じた」ため、新たに仕事を探し始めた者を指します。

ここまでは、人数で示される労働統計の指標について学びました。続けて、比率で示される「労働力人口比率」「就業率」「完全失業率」という3つの指標について見ることにしましょう。

「労働力人口比率」とは、15歳以上人口に占める労働力人口の割合のことで、次の式で定義されます。

$$労働力人口比率（\%）= \frac{労働力人口}{15歳以上人口} \times 100$$

先に見たように、「労働力人口」は「就業者」と「完全失業者」か

らなるので、働いている人と働くつもりで職探しをしている人の割合ということになります。

「就業率」は、15歳以上人口に占める就業者の割合であり、次の式で定義されます。

$$就業率（\%）= \frac{就業者}{15歳以上人口} \times 100$$

「就業者」は「従業者」と「休業者」を合わせたものなので、就業率は15歳以上人口のうち、実際に労働力として活用されている割合を示しているといえます。

皆さんがしばしば耳にする「完全失業率」とは、労働力人口に占める完全失業者の割合であり、次の式で定義されます。

$$完全失業率（\%）= \frac{完全失業者}{労働力人口} \times 100$$

「労働力人口」は「就業者」と「完全失業者」からなるので、上の式は、次の式でも、表すことができます。

$$完全失業率（\%）= \frac{完全失業者}{（就業者 + 完全失業者）} \times 100$$

つまり、完全失業者が増えれば、完全失業率は上がりますが、たとえ完全失業者が増えなくても、就業者が減れば、やはり完全失業率は高くなるということです。

労働力調査（2018年平均）によれば、「労働力人口比率」は61.5％、「就業率」は60.0％、「完全失業率」は2.4％でした。

以上のような労働統計の指標によって、労働市場の状況変化を把握することができます。皆さんも、労働力調査などを調べてみましょう。

●**労働力調査** http://www.stat.go.jp/data/roudou/index.html

では、ここまでの復習として、クイズ形式のワークをやってみましょう。

> 復習なので、難しくないよね。わからなければ、まわりの人と一緒に考えてみよう。

> 6ページの本文冒頭に答えがあります。後で確認しましょう。

ワーク

就業状態を考える

Q.1 次の（1）〜（6）の状態は、「A 就業者」「B 完全失業者」「C 非労働力人口」のどれに該当しますか。（　）にA〜Cのいずれかを入れてください。

(1) パート先を解雇された主婦が適当な仕事が見つからず、働くのを諦めた（　）
(2) パート先を解雇された主婦が別のパート先を探している（　）
(3) 今まで専業主婦だった人がパートで働こうと職を探している（　）
(4) 高校を卒業後、就職も進学もせず家にいる（　）
(5) 高校を卒業後、アルバイトをしている（　）
(6) 高校を卒業後、職探しをしている（　）

皆さん、正答はわかりましたか。「Ａ就業者」に該当するのは、（5）だけです。「Ｂ完全失業者」は（2）（3）（6）、「Ｃ非労働力」は（1）（4）が該当します。

ここで改めて注目したいのは、「完全失業者」です。「完全失業者」とは、現在は職に就いていなくて、職探しをしている人のことでした。この中には、職を失った人（離職した人）とそうではない人が含まれます。（2）は職を失った人ですので、「就業者」から「完全失業者」になった人ですが、（3）（6）は職を失っていないので、「非労働力」から「完全失業者」になった人です。このように「完全失業者」には2つのタイプがあります。

👉 ポイント

就業状態の内訳は……
①15歳以上人口は労働力人口と非労働力人口に分けられる。
②労働力人口は就業者と完全失業者に分けられる。
③就業者は従業者と休業者に分けられる。

さて、次の節にすすむ前に、もう1つクイズ形式のワークをしましょう。これは、予習のワークになります。

これは予習のワークなので、少し難しいね。周囲の人と相談してやってみよう。

ワーク

従業上の地位を考える

Q.1 次の中で、職業名を表したものはどれでしょうか。職業に該当すると思うものには〇、そうでないものには×をつけ、何を表したものかを［　］内に書いてください。

（答えは9ページの欄外）

(1) 会社員	(　)	[	]
(2) 建設業	(　)	[	]
(3) 不動産関係	(　)	[	]
(4) 警察官	(　)	[	]
(5) 自営業	(　)	[	]

日常会話などでは、（1）〜（5）のすべてが「職業」として通用しているといえるかもしれません。実際に、商用アンケートの職業欄には、これらの用語が記載されていることもあります。しかし、厳密にいうと、「職業」に該当するのは「警察官」だけです。では、ほかのものは何を表しているでしょうか。

「会社員」は日常用語で「会社に勤めている人」を意味しているだけですので、何かを表す専門用語ではありません。これに対して、「建設業」は「産業」を表しています。日常会話で「お仕事は何をされていますか」と聞かれたとき、「不動産関係です」「自営業です」という

やり取りは成り立ちますが、どちらも「職業」ではありません。「不動産関係」は日常用語ですが、「不動産業」であれば「産業」を表します。また「自営業」を「自営業主」とすれば「従業上の地位」を表します。「従業上の地位」という用語は、なじみがないかもしれません。そこで、次に労働力調査における「従業上の地位」について学びましょう。

> 産業と職業の違いや、それぞれの定義については、第2章で学びます。しっかり理解しましょう。

2 従業上の地位

1 自営業主、家族従業者

「従業上の地位」とは、労働力調査の調査週間中に働いていた事業所における地位を指しており、就業者を次のように分類しています。

図表 1-4　従業上の地位

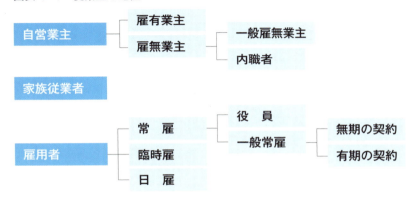

「自営業者」は、個人経営の事業を営んでいる者をいい、個人経営の商店主・工場主・農業主などの事業主や、開業医・弁護士・著述家などの自由業者、自宅で内職（賃仕事）をしている者などが含まれます。「自営業主」のうち、パートも含めて雇用者を雇っている場合は「雇有業主」、雇用者を雇わず、自分一人で、あるいは自分と家族だけで個人経営の事業を営んでいる場合は「雇無業主」と呼ばれます。このうち、「内職者」を除いた者が「一般雇無事業主」です。「家族従業者」は「自営業主」の家族で、その自営業主の営む事業に無給で従事している者のことです（総務省統計局、2015）。

> **用語**
>
> **個人経営**
> 法人組織にしないで事業を営んでいることです。商店などでも、法人組織になっている場合、その店主の従業上の地位は、雇用者（役員）になります。

2 雇用者

「雇用者」は会社、団体、官公庁あるいは自営業主や個人の家庭に雇われて給料、賃金をもらっている者、および会社や団体の役員をいいます。「雇用者」のうち「常雇」は「役員」と「一般常雇」に分かれます。会社組織になっている場合、社長や取締役も「雇用者」に含まれます。「一般常雇」は、雇用契約期間の定めがない「無期の契約」と雇用契約期間が1年を超える「有期の契約」に分かれます。「常雇」

「雇用者」という言葉は、よく耳にしますね。何を意味しているのか、正しく理解するようにしましょう。

今では、ほとんどの人が高等学校や専門学校、短大・大学を卒業すると就職します。しかし、50～60年前までは、必ずしも、サラリーマンとして働くことが当たり前というわけではなかったのですね。

以外の「雇用者」は、1か月以上1年以内の期間を定めて雇われている「臨時雇」か、日々または1か月未満の契約で雇われている「日雇」のいずれかに該当します（総務省統計局、2015年）。

労働力調査（2018年平均）の結果によれば、「自営業主」は535万人、「家族従業者」は151万人で、「雇用者」は5,927万人でした。日本では、雇用者が就業者の大多数を占めているといえます。しかし、昔からそうだったわけではありません。就業者に占める雇用者の比率「雇用者比率」を図表1-5に示しました。国がこの統計をとり始めた1953年には「雇用者比率」は42.4％でしたが、1959年に初めて5割を超え（51.9％）、右肩上がりに伸び続け、2018年には89.1％と約9割に達しています。かつて、日本は農業人口が多かったので、「自営業主」と「家族従業者」が一定の比率を占めていましたが、高度経済成長期を経て「雇用者」が多くなりました。つまり、いわゆるサラリーマン社会が一般化したのは、高度経済成長期の頃からと考えることができます。

図表 1-5　雇用者比率の推移　（1953～2018年）

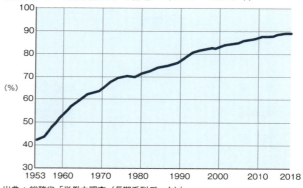

出典：総務省「労働力調査（長期系列データ）」

> 👉 **ポイント**
>
> 従業上の地位とは……
> ①就業者は、自営業主、家族従業者、雇用者に分けられる。
> ②自営業主とは、個人経営の事業を営んでいる者をいう。
> ③雇用者とは、会社や自営業主などに雇われて働いている者をいう。

3 雇用形態

1 正規の職員・従業員

最後に「雇用形態」について学びます。「就業状態」や「従業上の地位」と混同して使われることがありますが、労働力調査における「雇用形態」では、会社・団体などの役員を除く雇用者について、「勤め先での呼称」によって7つに分類したものです。これを大きく2つに分け

ると、「正規の職員・従業員」と「非正規の職員・従業員」になります。つまり、「正規の職員・従業員」とは、勤務先で「正社員」「専任職員」などと呼ばれている人を指しています。

2 非正規の職員・従業員

「パート」「アルバイト」「労働者派遣事業所の派遣職員」「契約社員」「嘱託」「その他」の6つをまとめて「非正規の職員・従業員」と呼んでいます。労働力調査（2017年平均）によれば、役員を除く「雇用者」は5,819万人ですが、「正規の職員・従業員」は3,432万人、「非正規の職員・従業員」は2,036万人です。日本の労働市場の特徴は、役員を除く「雇用者」に占める「正規の職員・従業員」の比率がどんどん低下していることです（図表1-6）。1984年には84.7％を占めていましたが、2017年では62.6％まで低下しており、これからも「非正規の職員・従業員」として働く人たちの比率が高まっていくことが予測されます。

図表1-6　役員を除く雇用者に占める正規雇用の比率　（1984～2018年）

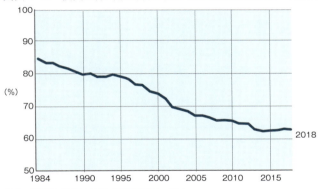

出典：総務省「労働力調査（長期系列データ）」

> **ポイント**
> 環境＝社会は……
> ①雇用形態は、正規の職員・従業員と非正規の職員・従業員に分かれる。
> ②正規の職員・従業員として働く人の比率は低下し続けている。

4 まとめ

第1章では、労働力調査で用いられている「就業状態」「従業上の地位」「雇用形態」をとおして、さまざまな働き方があることを学びました。労働統計で用いられている用語は、いわば社会人・職業人の常識の1つともいえます。正しく理解したうえで、労働市場の動向にも注意をむけながら、自分の将来の働き方について、少しずつ考えていきましょう。

「雇用形態」という言葉も、よく聞きますね。正しく理解してください。

補足

「フリーター」とは、15～34歳で、「パート」「アルバイト」という呼称で働いている人、または働くことを希望している人のことです（ただし、学生と既婚女性は除かれます）。したがって、「フリーター」は「非正規の職員・従業員」に含まれます。

6ページのワークの解答は、次の通りです。
(1) ×　［該当なし］
(2) ×　［産業］
(3) ×　［産業］
(4) ○
(5) ×　［従業上の地位］
ただし、(3)は「不動産業」、(5)は「自営業主」と理解した場合の解答です。

第2章
産業と職業

この章で学ぶこと

産業と職業の違いを理解し、それぞれがどんな分野から成り立っているのかを学びます。また、産業と職業の関係を知ることによって、それが就職活動のあり方につながることを理解していきましょう。

1 産業と職業を理解する

1 産業と職業の違い

最初に「産業と職業」の違いについて、考えてみましょう。また、「産業」にはどのような分野があり、「職業」にはどのような分野があるでしょうか。

産業も職業も、これらの言葉を知らない人はいないけど、違いを説明するのは難しいね。まわりの人と相談してもいいよ。

答えは12ページからの本文「2 産業とは」「3 職業とは」を読むとわかりますよ。

ワーク

産業と職業について考える

Q.1　産業と職業はどのように異なりますか。思い浮かんだことを書いてみましょう。

Q.2　産業と職業について、代表的な分野やあなたが知っている分野の名前を書いてみましょう。

産業の分野

職業の分野

図表2-1 産業・職業別就業者数(労働力調査、2017年平均)

(万人)

産業＼職業	総数	管理的職業従事者	専門的・技術的職業従事者	事務従事者	販売従事者	サービス職業従事者	保安職業従事者	農林漁業従事者	生産工程従事者	輸送・機械運転従事者	建設・採掘従事者	運搬・清掃・包装等従事者	分類不能の職業
全産業	6,530	144	1,111	1,295	862	808	124	217	889	219	302	464	95
農業、林業	201	1	0	5	1	0	0	187	1	1	0	5	-
漁業	20	0	0	1	0	0	-	18	0	0	0	0	-
鉱業、採石業、砂利採取業	3	0	0	1	0	-	-	-	0	1	1	0	-
建設業	498	20	31	79	27	1	1	3	40	15	276	7	0
製造業	1,052	28	92	181	52	1	1	0	634	11	3	48	0
電気・ガス・熱供給・水道業	29	1	4	12	2	0	0	0	1	7	2	0	0
情報通信業	213	5	131	53	17	0	0	-	3	0	1	1	0
運輸業、郵便業	340	7	3	74	7	2	1	0	6	140	3	96	0
卸売業、小売業	1,075	28	32	194	580	5	1	1	118	5	7	104	0
金融業、保険業	168	5	4	95	62	1	0	-	0	0	-	0	0
不動産業、物品賃貸業	125	9	2	34	38	29	0	0	3	2	1	6	0
学術研究、専門・技術サービス業	230	5	118	68	10	4	0	1	15	2	5	2	0
宿泊業、飲食サービス業	391	5	3	12	20	326	0	0	2	1	0	22	0
生活関連サービス業、娯楽業	234	4	13	22	18	145	2	4	5	3	0	17	0
教育、学習支援業	315	3	229	55	1	14	1	1	1	3	0	7	0
医療、福祉	814	6	405	108	1	265	2	0	5	10	0	12	0
複合サービス事業	57	2	2	36	6	0	0	1	0	0	0	10	0
サービス業(他に分類されないもの)	429	10	24	129	16	14	39	0	51	18	2	123	1
公務(他に分類されるものを除く)	229	5	16	129	-	0	76	0	0	1	0	2	0
分類不能の産業	106	0	1	9	2	1	0	-	0	0	-	1	92

出典：総務省「労働力調査 2017年平均」総務省統計局、2018年1月30日公表

> **補足**
>
> 事業所とは、経済活動の場所的単位のことをいいます。①単一の経営主体のもとにおいて一定の場所、すなわち一区画を占めて行われていること、②経済活動が継続的に行われていること、という2つの要件を備えていることが前提となります。具体的には、工場、製作所、事務所、営業所、商店、飲食店、旅館、娯楽場、学校、病院、役所、駅、農家などを指します。

2 産業とは

　日本標準産業分類では、「産業」を次のように定義しています。「財又はサービスの生産と供給において類似した経済活動を統合したものであり、実際上は、同種の経済活動を営む事業所の総合体と定義される。これには、営利事業と非営利事業がともに含まれるが、家計における主に自家消費のための財又はサービスの生産と供給は含まれない」。

　少し難しい定義ですが、重要な点は、産業とは個人が行う活動ではなく、企業や団体（医療法人・学校法人など）といった組織が行う経済活動を指しているということです。

　図表2-1に、産業・職業別就業者数を示します。図表の左側の上から順に並んでいる項目は、日本標準産業分類における大分類です。「農業、林業」から始まり、「建設業」「製造業」「卸売業、小売業」「金融業、保険業」などが、大分類から見た産業分野となります。

3 職業とは

　日本標準職業分類では、「職業」を次のように定義しています。「個人が行う仕事で、報酬を伴うか又は報酬を目的とするものをいう」。

　こちらはわかりやすい定義ですね。重要な点は、産業とは異なり、職業は個人が行う仕事であるということです。ここでいう「仕事」とは、「1人の人が遂行するひとまとまりの任務や作業をいう」と定義されています。また、「報酬」は「賃金、給料、利潤（個人業主）、その他名目のいかんを問わず、労働への対価として給されたものをいう」とされています。

　図表2-1で、上部の左から右へと並んでいる項目は、日本標準職業分類における大分類です。「管理的職業従事者」「専門的・技術的職業従事者」「事務従事者」「販売従事者」「サービス職業従事者」などが、大分類から見た職業分野です。

> **☞ ポイント**
>
> 産業と職業の違いは……
> ①産業は企業・団体といった組織が行う経済活動。
> ②職業は一人一人の個人が行う仕事。

2　産業分類と職業分類

1 日本標準産業分類

　日本には、総務省統計局が作成した産業分類があり、「日本標準産業分類」と呼ばれています。標準分類とは、統計目的でつくられた分

類のことです。この産業分類は、労働力調査や国勢調査において、回答者の勤務先を分類するときに用いられています。その結果は、産業分野別の就業者数やその推移など、国の施策を検討するうえで重要な統計データとして公表されています。

図表2-2　日本標準産業分類（2013）の体系

	大分類	中分類	小分類	細分類
A	農業、林業	2	11	33
B	漁業	2	6	21
C	鉱業、採石業、砂利採取業	1	7	32
D	建設業	3	23	55
E	製造業	24	177	595
F	電気・ガス・熱供給・水道業	4	10	17
G	情報通信業	5	20	45
H	運輸業、郵便業	8	33	62
I	卸売業、小売業	12	61	202
J	金融業、保険業	6	24	72
K	不動産業、物品賃貸業	3	15	28
L	学術研究、専門・技術サービス業	4	23	42
M	宿泊業、飲食サービス業	3	17	29
N	生活関連サービス業、娯楽業	3	23	69
O	教育、学習支援業	2	16	35
P	医療、福祉	3	18	41
Q	複合サービス事業	2	6	10
R	サービス業（他に分類されないもの）	9	34	66
S	公務（他に分類されるものを除く）	2	5	5
T	分類不能の産業	1	1	1
[計]	20	99	530	1,460

補足

図表2-2は、日本標準産業分類の分類体系を示したものです。大分類は20、中分類99、小分類530、細分類1,460が設けられています。

ワーク

産業別就業者数を考える

Q.1　11ページの図表2-1を見て、就業者数の多い産業分野のベスト3を書きだしてください。

第1位

第2位

第3位

さあ、どの分野で働いている人が多いかな。図表2-1をよく見て、間違わないように書きだしてみよう。

第2章　産業と職業

「卸売業、小売業」(1,075万人)、「製造業」(1,052万人)、「医療、福祉」(814万人)がベスト3になります。しかし、ここで注意が必要なことがあります。図表2-1を見ると、「学術研究、専門・技術サービス業」から「サービス業（他に分類されないもの）」までの7分野が枠で囲まれています。実は、かつてはこれらは「サービス業」という1つの大分類でした。「サービス業」で働く人が増え続けたため、大分類の数を増やして、今日に至っています。これらを合計すると、2,470万人と圧倒的多数になります。就業者数が6,530万人なので、3人に1人以上が「サービス業」の分野で働いていることになります。「サービスの経済化」「経済のサービス化」と呼ばれる現象は、ここからも読み取ることができます。

2 日本標準職業分類

総務省統計局が統計目的で作成しているのが「日本標準職業分類」（JSCO）です。この分類も、労働力調査や国勢調査において、回答者が就いている仕事を分類するのに用いられています。その結果は、職業分野別の就業者数やその推移など、国の施策を検討するうえで重要な統計データとして公表されています。なお、日本には「厚生労働省編職業分類」（ESCO）と呼ばれるマッチング目的の職業分類もつくられているため、国が定める職業分類が2つあります。

用語

日本標準職業分類
「Japanese Standard Classification of Occupation」を略して、「JSCO（ジスコ）」と呼ばれています。図表2-3は、分類体系を示したものです。大分類は12、中分類74、小分類329が設けられています。

厚生労働省編職業分類
「Classification of Occupations for Employment Security Service」を略して、「ESCO（エスコ）」と呼ばれています。ハローワークなど職業安定行政で用いる職業分類です。法律で、大分類・中分類までは、JSCOと同じ分類を用いることが定められています。

図表2-3　日本標準職業分類（2009）の体系

	大分類	中分類	小分類
A	管理的職業従事者	4	10
B	専門的・技術的職業従事者	20	91
C	事務従事者	7	26
D	販売従事者	3	19
E	サービス職業従事者	8	32
F	保安職業従事者	3	11
G	農林漁業従事者	3	12
H	生産工程従事者	11	69
I	輸送・機械運転従事者	5	22
J	建設・採掘従事者	5	22
K	運搬・清掃・包装等従事者	4	14
L	分類不能の職業	1	1
	［計］　12	74	329

ワーク

産業別就業者数を考える

Q.1　図表2-1を見て、就業者数の多い職業分野のベスト5を書きだしてください。

```
┌─────────────────────────────────────────┐
│  第1位              第4位                │
│                                          │
│  第2位              第5位                │
│                                          │
│  第3位                                   │
│                                          │
└─────────────────────────────────────────┘
```

　正しく書きだせましたか。今回は、大分類の就業者数を比較しましたが、労働力調査などを調べることによって、これらがどのように変化してきているのかを知ることができます。自分でも調べてみましょう。

●**労働力調査**　http://www.stat.go.jp/data/roudou/index.html

　ポイント

産業分類と職業分類とは……
①標準分類は、どちらも統計目的でつくられている。
②分類体系を知ることで、就業者数の状況を理解できる。

3　産業と職業の関係

1　産業との関係から見た職業

　さて、ここまでは、図表2-1を使って産業別就業者数と職業別就業者数を見てきました。しかし、図表2-1は、産業・職業別就業者数のクロス表にもなっています。このデータを使って、産業と職業の関係を探ってみましょう。

　産業と職業の間には、一定の関係があります。1つの産業分野には、さまざまな職業が存在しています。たとえば、建設業という産業分野で働いている人が、すべて建設作業に従事しているわけではありません。建設作業者のほかに、設計の仕事をしている技術者もいれば、営業の仕事をしている人もいます。また、給与の計算をしたり、資材の仕入れを担当したりといった事務の仕事をしている人もいます。

　このことは、産業と職業の発生過程を見ると、よくわかります。自給自足の時代には生業があるだけで、産業も職業もありませんでした。やがて、社会的分業がすすみ、貨幣経済が発達すると、特定の分野を専門的な事業として行う産業が生まれてきます。産業がさらに発展すると、産業分野の中での分業がすすみ、職業が成立していきます（図表2-4）。たとえば、すべての人が建設作業に従事していては仕事を

図表 2-4　産業と職業の発生過程

生　業 → 社会的分業 → 産　業 → 職　業

とってくることもできないので、これらの仕事を分担することになるわけです。

　このような経緯の結果として、1つの産業分野には複数の職業が存在するようになったのです。より複雑で変動的な今日の社会においては、1つの産業分野でも、さまざまな役割が必要となり、複数の職業が存在していると考えることもできます。

　では、このような産業と職業の関係を職業の側から見ると、どうなるでしょうか。産業との関係に注目すると、職業は次のように、2つのタイプに分けてとらえることができます。

　①特定の産業分野にのみ存在する職業
　②すべての産業分野に存在する職業

　改めて、図表2-1を見てみましょう。①の代表的な職業は、「農林漁業従事者」です。就業者数を見ると、この職業に就いている人のほとんどが、「農業、林業」「漁業」の産業分野で働いています。実は、①のタイプの最も代表的な職業は「専門的・技術的職業従事者」です。ただ、図表2-1では大分類レベルで就業者数を示しているため、「専門的・技術的職業従事者」も、あらゆる産業分野で働いているように見えます。これは、大分類「専門的・職業的職業従事者」は、さまざまな分野の専門家や技術者を1つにまとめているためです。実際には、「建築技術者」であれば「建設業」、「医師」であれば「医療、福祉」というように、個々の専門家や技術者を見ていくと、「専門的・技術的職業従事者」は、特定の産業分野にのみ存在する職業といえるのです。

　これに対して、「事務従事者」は②の代表的な職業といえます。図表2-1で就業者数を見ると、実際にすべての産業分野に事務の職業が存在していることがわかります。また、「販売従事者」に含まれる「営業」の仕事も同様です。「卸業、小売業」の産業分野で働く人が多いですが、ほかの産業分野にも存在する職業であることがわかります。

2　就職活動にむけて

　前項で述べた職業の2つのタイプは、大学生の就職のあり方と密接に関わっています。①のタイプは、理系の技術職での就職と関連しています。たとえば、工学部の建築学科で学んでいる学生が、「建築技術者」として仕事をしたいと考えた場合、所属する産業分野は「建設業」にほぼ特定されます。また、自動車の「設計技術者」として就職したいと考えた場合は、産業分野は「製造業」の中の「自動車製造業」にほぼ特定されます。つまり就職活動を行う際には、建設会社、自動車メーカーだけを調べればよいということになります。

しかし、文系の場合はこのようにはいきません。たとえば、事務の仕事をしたい、営業の仕事をしたいと思っても、これらの職業はあらゆる産業分野に存在しているため、産業分野を決めないと行き先が決まらないわけです。「事務従事者」といっても、「製造業」もあれば、「卸業、小売業」の事務もあります。このように、すべての産業分野に存在しているので、どの産業分野で事務の仕事をしたいのかを決めない限り、就職活動を開始できないということになります。

このことから、一般的に就職活動の準備を業界の研究から始めて、企業の研究へとすすめていく方法は、主に文系の学生の就職活動のあり方を示しているといえます。

ワーク

興味のある分野を考える

Q.1　あなたが現時点で興味や関心をもっている産業分野はありますか。また、職業分野についてはどうでしょうか。図表2-1〜2-3をみながら、考えてみましょう。また、なぜその分野に興味があるのか、自分の言葉で表現してみましょう。

産業分野
職業分野
その理由

無理のない範囲で、どんな産業分野で、どんな仕事をしたいのか、考えてみよう。

ポイント

産業と職業の関係と就職活動は……
①理系技術職の就職は、特定の産業分野に存在する職業が主な対象。
②文系の就職は、すべての産業分野に存在する職業が主な対象。

4　まとめ

産業と職業の違いをよく理解しましょう。また、産業と職業の関係についても、理解できたでしょうか。産業は企業など勤務先、職業は個人が行う仕事を表しています。このことを理解して、どのような産業分野や職業分野があるのかを探索し、自分の将来の仕事について、産業・職業の両面から考えられるようにしましょう。

第3章
職業世界を眺める

> 2011年版「厚生労働省編職業分類」でも、細分類の分類項目には、さらに職業名の例示が掲載されています。職業名の数は公表されていませんが、代表的なものに限られており、1999年版に比べると大幅に少なくなっています。

> **補足**
> 「日本標準職業分類」と「厚生労働省編職業分類」では法律で大分類・中分類までは同じ分類を用いることが定められていますが、「日本標準職業分類」には大分類・中分類にそれぞれ「分類不能の職業」の項目があるため、項目数が異なります。

> **用語**
> ハローワークインターネットサービス
> 求人情報やハロートレーニング（職業訓練）の情報、雇用保険や各種助成金の情報に加えて、職業情報を検索することができます。

この章で学ぶこと
職業を選択するために、いくつかの「のぞき窓」を用いて、職業世界のとらえ方を学びます。職業世界の全体を眺めることで、将来の職業選択につながることを理解していきましょう。

1　2つの職業理解

1　個別の職業を知る

　世の中には、どのくらいの数の職業があるでしょうか。また、皆さんは、そのうちどのくらいの職業について知っているでしょうか。

　第2章で紹介したように、2009年に改定された「日本標準職業分類」（JSCO）には大分類（12）、中分類（74）、小分類（329）が設けられています。一方、2011年に改定された「厚生労働省編職業分類」（ESCO）では、大分類（11）、中分類（73）、小分類（369）に加えて、細分類（892）が設定されています。また、改定前の1999年版「労働省編職業分類」は、大分類（9）、中分類（80）、小分類（379）、細分類（2,167）という分類体系でしたが、細分類には「普通職業名」と呼ばれる職業名の例示が掲載されており、その数は、なんと2万8,275でした。

　このように、世の中には無数といってもよいくらいの職業が存在しています。では、これらの職業について調べたいときに、どのような方法があるでしょうか。たとえば、厚生労働省の「ハローワークインターネットサービス」では、「職業分類・職業解説に関するご案内」というコーナーで、約400の職業についてそれぞれ仕事の内容、労働条件の特徴などを解説しています。個々の職業解説を見るには、「50音順検索」「職業分野別検索」の2通りで調べることができます。調べたい具体的な職業があるときは「50音順検索」、特定の職業分野に含まれる職業を知りたいときは「職業分野別検索」を用いると便利です。「職業分野別検索」では、調べやすくするために、職業分類ではなく、「モノづくりの職業」「建設の職業」「オフィスの職業」「販売の職業」「専門・企業サービスの職業」「個人サービスの職業」「医療・保健・福祉の職業」「教育・研究の職業」「運輸の職業」「マスコミ・

デザイン・工芸の職業」「自然・動植物の職業」という11の職業分野が用いられています。また、ウェブ上には、民間の団体が運営するさまざまな職業情報のサイトがありますので、「ハローワークインターネットサービス」や民間のサイトを実際に利用して、知りたい職業を調べてみましょう。

●ハローワークインターネットサービス　https://www.hellowork.go.jp

2　職業の世界を知る

　先述したように、世の中には非常に数多くの職業が存在します。したがって、すべての職業を知ることは困難ですし、すべての職業について知る必要もありません。また、すべての職業について詳しく知っている人はいないでしょう。将来の職業選択のためには、自分が就きたいと思う職業について知ることは、もちろん大切ですが、その前に、就きたいと思う職業を探索するには、職業世界の全体を眺め、職業の世界を体系的に理解することが有効です。

　職業を選択する、決定するということは、複数の選択肢から1つに「絞る」という作業を意味しています。「絞る」ためには、選択肢の幅を「広げる」ことが必要です。選択肢の広がりがないと、非常に狭い範囲から就きたい職業を選んだり、ほかの可能性に気づかないまま、特定の職業を選んだりすることになるかもしれません。また、就きたい職業は、1つである必要はありません。2〜3の職業を視野に入れておくほうが、就職活動もしやすくなります。そのためには、「絞る」前にある程度まで選択肢の幅を「広げる」ことが大切です。

> たとえば、お昼を食べるとき、A定食とB定食しかなくて、どちらもあまり食べたくなければ、選ぶのに困りますね。就きたい職業の選択肢が多いほうが選びやすいというのは、メニューの選択と同じです。

ポイント
2つの職業理解とは……
①就きたい職業について、よく理解することが大切である。
②就きたい職業を探索するには、職業世界の体系的な理解が有効である。

2　職業世界の「のぞき窓」

1　職業分類

　職業の世界を体系的に理解するには、職業世界を眺めるための「枠組み」が必要です。ここでは、それを職業世界の「のぞき窓」と呼ぶことにします。「のぞき窓」であるためには、体系的に構成されていること、職業の世界全体をとらえられることが求められます。本節では、「職業分類」「ホランドの6領域」「DPT分類」という3種類の「のぞき窓」を用いて、職業の世界を眺めることにしましょう。

1つ目は「職業分類」です。図表3-1には、「厚生労働省編職業分類」（ESCO）の大分類を示しました。第2章の用語解説で示したように、「日本標準職業分類」（JSCO）と「厚生労働省編職業分類」（ESCO）では、大分類・中分類までは同じ分類が用いられています。しかし、JSCOには大分類の解説が示されていないので、ここではESCOを用いています。

図表3-1　職業分類から見た職業の世界

大分類	内容説明
A 管理的職業	事業経営の方針の決定、経営方針に基づく執行計画の樹立、業務の監督・統制など、経営体の全般または課（課相当を含む）以上の内部組織の経営・管理に関する仕事をいう。
B 専門的・技術的職業	高度の専門的水準において技術的知識を応用した技術的な仕事、および医療・法律・経営・教育・著述・宗教・芸術などの専門的性質の仕事をいう。
C 事務的職業	課長（課長相当職を含む）以上の役職にある者の監督のもとに、一般的な知識・経験に基づいて行う、総務・人事・企画・会計などの事務、精算・営業・販売・運輸・郵便に関する事務、および事務用機器の操作の仕事をいう。
D 販売の職業	有体的商品の仕入れ・販売の仕事、不動産・有価証券の売買、売買の仲介・取り次ぎ・代理、保険の代理・仲立ちなどの販売類似の仕事、および商品の販売、不動産・有価証券の売買に関する取引上の勧誘・交渉・契約締結、保険の募集などの営業の仕事をいう。
E サービスの職業	個人家庭における家事の支援、介護、保健医療の補助業務、利用・美容、クリーニング、調理、接客・給仕、居住施設・ビルの管理などのサービスの仕事をいう。
F 保安の職業	国家の防衛、個人の生命・身体・財産の保護、公共の安全・秩序の維持、火災の鎮圧などの仕事をいう。
G 農林漁業の職業	農作物の栽培・収穫の作業、家畜・家きん・その他の動物の飼育の作業、材木の育成・伐採・搬出の作業、水産動植物の捕獲・採取・養殖の作業、およびその他の農林漁業類似の作業ならびにこれらに関連する作業をいう。
H 生産工程の職業	生産工程における、生産設備の制御・監視の仕事、機械・器具・手道具などを用いた原材料の加工・製品の製造の作業、機械の組立・修理の作業、製品の検査の作業、および生産工程で行われる作業に関連または類似する技能的な作業をいう。
I 輸送・機械運転の職業	電車・自動車・船舶・航空機の運転・操縦、定置機関・定置機械・建設機械の運転などの仕事をいう。
J 建設・採掘の職業	主に身体を使って行う、建設の作業、電気工事の作業、建設・土木工事現場における土砂の掘削などの作業、鉱物の採掘・採取の作業をいう。
K 運搬・清掃・包装等の職業	主に身体を使って行う定型的な作業のうち、貨物・資材・荷物の運搬、建物・道路・公園の清掃、品物の包装などの作業をいう。

出典：「厚生労働省編職業分類」2011年をもとに作成

JSCOとESCOの大分類は、「分類不能の職業」を設けているかどうかという点を除き、同じですね。なお、JSCOでは「管理的職業従事者」、ESCOでは「管理的職業」と表現が異なっているのは、JSCOでは分類の適用単位が「人」であるのに対して、ESCOでは「職務」だからです。

図表3-1を見てみましょう。ESCOは日本の労働市場に存在するすべての職業を掲載しているので、大分類をとおして、職業の世界全体を眺めることができます。あなたにとって、なじみのある分野とあまりなじみのない分野があると思います。内容説明を読んで、全体を眺めてみましょう。

前述したように、「ハローワークインターネットサービス」では、職業分類の全体を見ることができます。図表3-1に示した大分類だ

けでなく、それぞれの大分類に含まれる中分類・小分類・細分類と、該当する職業の例示が掲載されていますので、調べてみましょう。

ワーク

職業分類から考える

Q.1 職業分類から見た職業の世界を理解するために、次の職業が大分類・中分類・小分類のどこに該当するか調べてみましょう。（答えは22ページの欄外）

	大分類	中分類	小分類
(1) 住宅・不動産会社営業部員	[　　]	[　　]	[　　]
(2) イベントプランナー	[　　]	[　　]	[　　]
(3) ケアワーカー	[　　]	[　　]	[　　]
(4) 建築設計士	[　　]	[　　]	[　　]
(5) 地方公共団体議会議員	[　　]	[　　]	[　　]

答えは「ハローワークインターネットサービス」で調べることができます。ぜひ、自分で調べてみよう。

2 ホランドの6領域

アメリカの心理学者であるジョン・L・ホランドは、職業カウンセラーとしての実践経験に基づき、人間のパーソナリティと環境を6つ

図表3-2　ホランドの6領域から見た職業の世界

6領域		内容説明
R	現実的職業領域（Realistic）	機械や物を対象とする、具体的で実際的な仕事や活動の領域。物体、道具、機械、動物を具体的に、順序立てて、組織的に操作することを課する要求や機会が多い。
I	研究的職業領域（Investigative）	研究や調査のような研究的、探索的な仕事や活動の領域。物理的、生物学的、文化的現象を観察し、組織的に創造的な研究を行うことを課する要求や機会が多い。
A	芸術的職業領域（Artistic）	音楽、美術、文学などを対象とするような仕事や活動の領域。あいまいで自由な非組織的活動を行ったり、芸術的表現形式や製品を創る能力を必要とする要求や機会が多い。
S	社会的職業領域（Social）	人と接したり、人に奉仕したりする仕事や活動の領域。広報普及、訓練、発達援助、治療、あるいは啓蒙といった他者に対する働きかけを課する要求や機会が多い。
E	企業的職業領域（Enterprising）	企画・立案したり、組織の運営や経営などの仕事や活動の領域。組織が設定した目標や、個人的に興味のある目標を達成させるよう、他人を動かすような要求や機会が多い。
C	慣習的職業領域（Conventional）	定まった方式や規則、習慣を重視したり、それに従って行うような仕事や活動の領域。簿記、書類のファイリング、資料の複写、決められた計画に従って文字や数値データの整理をしたり、事務機や情報処理機器を操作したりするような、明確で順序立った、組織的な資料の操作を多く必要とされたり、それらを行う機会が多い。

出典：労働政策研究・研修機構『職業レディネステスト（第3版）手引』2007年。J. L. ホランド著、渡辺三枝子・松本純平・道谷里英共訳『ホランドの職業選択理論――パーソナリティと働く環境』雇用問題研究会、2013年をもとに作成

用語

VPI 職業興味検査

ホランドが開発した検査で、日本版も開発されています。160の職業名に対する興味の有無を回答することにより、ホランドの6領域に対する興味の程度を測定することができます。

職業レディネステスト

A～C検査の3種類が含まれています。A検査は職業興味、B検査は職業選択行動と密接な関係をもつと仮定される基礎的志向性、C検査は職務遂行の自信度を測定しています。A・C検査の結果はホランドの6領域を用いて表示され、B検査の結果はDPT分類（次項 **3**）を用いて表示されます。

21ページのワークの解答は、次の通りです。
(1) ［D 販売の職業］［34 営業の職業］［347 不動産営業員］
(2) ［C 事務的職業］［25 一般事務の職業］［253 企画・調査事務員］
(3) ［E サービスの職業］［36 介護サービスの職業］［361 施設介護員］
(4) ［B 専門的・技術的職業］［09 建築・土木・測量技術者］［091 建築技術者］
(5) ［A 管理的職業］［01 管理的公務員］［011 管理的公務員］

のタイプに分けてとらえる職業選択理論（図表3-2）を提唱しました。「ホランドの6領域」「ホランドの6タイプ」などと呼ばれています。これが2つ目の「のぞき窓」です。

　ホランドの理論では、あらゆる環境を6つのタイプに分類することができます。職業も含まれますが、たとえば大学の学部や趣味的な活動も6つのタイプでとらえることができます。

　6つのタイプのうち「R」は機械や物を扱う職業の世界で、工学関係の職業や生産技術関係の職業、機会・装置運転の職業などが該当します。なお、学問領域でいえば、工学系の分野ともいえます。「I」は研究や調査などの研究的・探索的な職業の世界で、社会調査研究関係の職業や数理、統計学関係の職業、情報処理関係の職業などが該当します。「A」は音楽、美術、文芸などを対象とするクリエイティブな職業の世界で、音楽や文芸関係の職業、デザインやイラスト関係の職業などが該当します。「S」は人と関わる職業の世界で、医療保健関係の職業、教育関係の職業、サービスや販売関係の職業が該当します。「E」は企画や組織運営、経営などの職業の世界で、経営管理関係の職業、営業関係の職業、広報・宣伝関係の職業などが該当します。「C」は定まった方式や規則に従って行動するような職業の世界で、経理事務関係の職業、法務関係の職業、編集・校正関係の職業などが該当します。

　1つの職業は、複数の特徴を合わせもっているので、ホランドが開発した「VPI職業興味検査」（労働政策研究・研修機構、2002）では、「原子力技術者（RIC）」「カウンセラー（SEA）」のように、6タイプのうちの3つを用いて表しています。この表し方は、ホランドの「3文字コード」とも呼ばれています。「職業レディネステスト」（労働政策研究・研修機構、2007、2013年）では、「建設機械オペレーター（R）」「イラストレーター（AI）」のように、1文字または2文字で職業のコードを示しています。ホランドの理論では人間のパーソナリティも「ホランドの6領域」を用いてとらえることができます。「VPI職業興味検査」や「職業レディネステスト」を受けると、あなたの職業興味の特徴を理解することができます。このような「ホランドの6領域」を「のぞき窓」として、職業の世界を眺めてみましょう。

3 DPT分類

　職務を遂行する際には、必ず働きかける対象や扱う対象が存在します。それを「情報（D）」「人（P）」「物（T）」の3つに分けたのが「DPT分類」です（図表3-3）。もともとは、アメリカの職業分類において職業の特徴を表す仕組みの1つとして用いられていた考え方です。「D」は情報を扱う職業の世界、「P」は人と関わる職業の世界、「T」は物を扱う職業の世界といえます。「DPT分類」を利用すると、主にどのような対象に働きかけるかという観点から職業を分類することが

できます。これを3つ目の「のぞき窓」として、職業の世界を眺めてみましょう。

「DPT分類」から見た場合も、やはり1つの職業が複数の特徴をもっています。たとえば、皆さんが居酒屋でアルバイトをしているとします。そこには、いろいろな仕事が含まれていますが、「DPT分類」から見ると、次のようになります。

「D」：伝票に基づいて精算を行い、現金を授受する
「P」：接客する（注文をとったり、もてなしたりする）
「T」：酒類や食べ物を運ぶ

居酒屋のアルバイトにも、いろいろな仕事が含まれていることがわかりますね。またその中でも、精算時のレジの扱いが速くて正確な人、お客さんと会話をするのが得意な人、重いジョッキをたくさん運ぶのが上手な人など、個人によって得意なものが違うのではないでしょうか。「職業レディネステスト」を受けると、皆さんの「DPT」に対する志向性を理解することができます。なお、「職業レディネステスト」では、働きかける主な対象という観点から、職業を「D」「P」「T」「DP」「DT」「PT」の6つに分けてとらえています。

図表3-3 DPT分類から見た職業の世界

DPT分類	内容説明
D　情報（Data）	知識、情報、概念、データなどを扱う世界。データおよび人や物に関連する情報、知識、概念であり、数字や言語、記号、アイディア、話しことばなどが含まれる。
P　人（People）	人と直接関わっていくような活動の世界。人間と同じように個性的に取り扱われる動物も含まれる。
T　物（Things）	機械や道具などの物を取り扱ったり、戸外での活動の世界。物質、材料、機会、道具、装置、補助具、製品など手に触れられるもので、形やその他の物質的な特徴をもつものが含まれる。

出典：労働政策研究・研修機構『職業レディネステスト（第3版）大学生等のための職業リスト』2013年をもとに作成

> ホランドの6領域とDPT分類から考えるワークは、少し難しいね。わからないものがあれば、グループで考えてみよう。最初から、グループで検討してもいいよ。

ワーク

ホランドの6領域とDPT分類から考える

Q.1　ホランドの6領域とDPT分類から見た職業の世界を理解するために、次の職業が6領域とDPT分類のどれに該当するか考えてみましょう。
（答えは24ページの欄外）
6領域については、「R」「I」「A」「S」「E」「C」のいずれか、DPT分類については、「D」「P」「T」「DP」「DT」「PT」のいずれかを［　］に入れてください。

	6領域	DPT分類
(1) 税理士	[　]	[　]
(2) パティシエ	[　]	[　]
(3) 農業経営者	[　]	[　]
(4) 薬剤師	[　]	[　]
(5) 理学療法士	[　]	[　]
(6) コピーライター	[　]	[　]

> **ポイント**
>
> 職業世界の「のぞき窓」とは……
> ①職業分類の体系を知り、職業の世界全体を理解する。
> ②「ホランドの6領域」や「DPT分類」の考え方を知り、理解を深める。

3 職業との関わりを考える

1 興味・関心から考える

　本章ではここまで、「職業分類」「ホランドの6領域」「DPT分類」という3種類の「のぞき窓」を用いて職業の世界を眺めてきましたが、職業の世界を体系的に理解することができたでしょうか。最後に、自分自身と職業との関わりを考えるワークをとおして、職業選択の幅を広げることにつなげましょう。

　皆さんと職業とを結びつけるキーワードはたくさんあります。中でも、多くの人にとって考えやすいのは、「興味・関心」かもしれません。つまり、自分が「やりたい」と思うことを仕事に生かすという考え方です。このあとのワークでは、3種類の「のぞき窓」に示された職業の分野を「興味・関心」の観点から考えてみましょう。ただし、ほかにもキーワードはたくさんありますので、「興味・関心」の観点から仕事を選択しなければならないということはありません。また、「興味・関心」の観点から選ぶ場合でも、自分の「やりたい」ことだけで成り立つ職業はないということを知っておくことも必要です。

2 資質・能力から考える

　次に考えやすいキーワードは、「資質・能力」です。自分が「得意なこと」を仕事に生かすという考え方です。次のページのワークでは、「興味・関心」に加えて「資質・能力」の観点からも、職業分野を考えてみましょう。このように、複数の観点から職業との関わりを考えることで、職業選択の幅を広げることができます。

　ほかにも、自分が何のために仕事をするのかという価値観や、自分のパーソナリティや行動特性の観点から職業を考えることもできます。しかし、これらのキーワードをすべて「and」でつないでしまうと、就くことができそうな選択の範囲がどんどん狭くなってしまいます。逆に、「興味・関心」か「資質・能力」か、どちらかの条件を満たすというように「or」でつないで考えれば、選択の幅を広げることができます。

　現実の職業選択においては、賃金などの労働条件や勤務地の条件といった観点からも職業を考えることになりますので、「or」でつなぐ

> 23ページのワークの解答は、次の通りです。
> (1) [C] [D]
> (2) [R] [T]
> (3) [E] [DT]
> (4) [I] [DP]
> (5) [S] [PT]
> (6) [A] [DP]
> なお、DPT分類の正解には「DP」が2つ含まれており、「P」が1つもありません。「P」の職業例としては、販売店員、介護福祉士、遊園地従業員などがあります。これらは、ホランドの6領域でいえば、いずれも「S」に該当します。

ことができるキーワードを複数用いて選択の幅を広げておくと、職業選択がしやすくなります。

ワーク

興味・関心と資質・能力から考える

Q.1 改めて「のぞき窓」をとおして、職業の世界を眺めてみましょう。「興味・関心」（やりたいこと）のある職業の分野と「資質・能力」（得意なこと）を生かせそうな職業の分野に○をつけてみましょう。

職業分類（大分類）	興味・関心	資質・能力
A 管理的職業		
B 専門的・技術的職業		
C 事務的職業		
D 販売の職業		
E サービスの職業		
F 保安の職業		
G 農林漁業の職業		
H 生産工程の職業		
I 輸送・機械運転の職業		
J 建設・採掘の職業		
K 運搬・清掃・包装等の職業		

6領域	興味・関心	資質・能力
R 現実的職業領域		
I 研究的職業領域		
A 芸術的職業領域		
S 社会的職業領域		
E 企業的職業領域		
C 慣習的職業領域		

DPT分類	興味・関心	資質・能力
D 情報（Data）		
P 人（People）		
T 物（Things）		

Q.2 「興味・関心」と「資質・能力」の観点から○がついた職業の分野を確認し、気づいたことや感じたことを書いてみましょう。

ポイント

職業との関わりを考える……
①複数のキーワードをとおして考えると、選択の幅を広げることができる。
②現実の職業選択の前に、幅を広げておくと選択がしやすくなる。

4 まとめ

　第3章では、「職業分類」「ホランドの6領域」「DPT分類」という3種類の「のぞき窓」を紹介しました。これらをとおして、職業の世界全体を眺め、職業に対する体系的な理解を深めてください。就職活動の時期を迎える前に、自分の特徴と職業を結びつける複数のキーワードを用いて考えることによって、職業選択の幅を広げていきましょう。

第4章 産業とは何か

この章で学ぶこと

産業という言葉が意味する「人の生活に必要な物的財貨および用役を生産する活動」を体現している「企業の事業＝業」について理解を深め、将来の職業選択へつなげていきましょう。

1 産業とは何かを理解する

1 「業」とは何か

「業」とは、社会および人々の暮らしを支える役割といえ、その役割には図表4-1に示しているものがあります。

図表4-1 「業」の役割

個人の指向性からの 欲求を満たす役割	個人の価値観からの 欲求を満たす役割
社会・人々の暮らしの 利便性への役割	社会・人々の暮らしの 質の向上への役割
社会・人々の暮らしにとって必要不可欠な役割	

役割のことを、「ニーズ」と呼んでいます。

そして、「業」には、役割を果たすための「カタチ」があり、その「カタチ」には、以下の3種類があります（図表4-2）。

図表4-2 「業」の3つのカタチ

商品	サービス	技術

2 「企業」とは何か

「業」を成立させるには、「企業」と呼ばれる組織が必要となります。「企業」は社会・人々の暮らしを支える役割を果たすであろうと考えられる商品・サービス・技術を提供し続けることで、報酬を得て、利益を上げるように努めています。

図表 4-3　企業と社会の関係

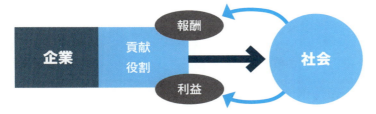

ワーク

あなたの身近な「業」を考える

Q.1　あなたが対価を支払って手に入れている商品やサービスを記入してください。

Q.2　上記の商品・サービスはあなたにとってどのような役割をもっていますか。

Q.3　上記の商品・サービスに技術を提供している企業名を記入してください。

思いつくままに書いてみよう。
たとえば、洋服→私をかっこよくしてくれる、飲料水→渇きを癒してくれるなど、具体的な役割を考えてみよう。

ポイント

「業」は……
①あなたの暮らしを支える役割であり、生活に密着している。
②あなたの身近に常に存在している。

2　産業の宿命

❶「業」の生みだされるとき

　「社会あるいは人々が望んでいることに対して、どのような役割を果たすのか」という目的と、そのために「何を提供するのがベストなのか」という「カタチ」が創造されたときに、「業」が生みだされます。

図表 4-4 「業」の生まれる過程

> すばやく荷物を運んで欲しい人がいるから、運搬というサービスが生まれ、運搬というサービスがあるから社会・人々の利便性が向上する

社会・人々の暮らしの利便性への役割

> 子供と遊びながら楽しい時間を過ごしたい人がいるから、玩具という商品が生まれ、玩具という商品があるから個人の指向性への欲求が満たされる

個人の指向性からの欲求を満たす役割

> 暮らしに支障がでないように修理を望む人がいるから、修理という技術が生まれ、修理という技術があるから社会・人々の暮らしの質が上がる

社会・人々の暮らしの質の向上への役割

新たな「カタチ」が生まれるから、暮らしが変化することもあります。
「卵が先か、にわとりが先か」というたとえと同じですね。

2 「業」が終焉するとき

　「業」そのものがもつ役割は、永遠ではありません。時代とともに、社会・人々の暮らしが変化するにつれ、次々と新たな役割を果たす、提供の「カタチ」としての商品・サービス・技術が生みだされていきます。一方で陳腐化し、役割を終えていく商品・サービス・技術があることも理解しておくことが重要です。

ワーク

「業」の終焉を理解する

Q.1　スマートフォンの普及やSNSの発展により、それ以前と以降とではどのように人々の暮らしは変化したのでしょうか。

[　　　　　　　　　　　　　　　　　　　　　]

Q.2　上記から考えて、以前にあったサービスや技術で、それ以降にはほとんどなくなってしまったものを記入してください。

[　　　　　　　　　　　　　　　　　　　　　]

新たな役割としての「業」が生まれると、その「業」に呼応するかのように、さらに新たな役割としての「業」が生まれます。

Q.3 スマートフォンの普及・SNSの発展により、生まれた「業」について記入してください。

「業」	その役割

ヒントは「アプリ」。アプリはどこでどうやって購入するかな。

3 「業」と「企業」

「業」が終焉すると、それを成立させていた「企業」は、何も手を打たなければ、同時に終わりを迎えることになります。そのため、「企業」は「業」の終焉を予測し、生き残りをかけて、さまざまな施策を打ちだし、実行していきます。

ここで、皆さんが理解を深めなければいけないのが「未来永劫に安定を継続できる企業」は、存在していないということ。そして、企業が終わりを迎えないためには、社会・人々の暮らしを支える役割をもち続けなければいけないということです。

ワーク

企業の施策を理解する

Q.1 ニュースで報道される企業の施策を説明してみましょう。

施 策	説 明
業界再編	
アウトソーシング	

現在は、社会・人々の暮らしを支える役割をもち続けるために、1つの「企業」が複数の「業」を成立させているケースが増えています。

Q.2 複数の「業」を成立させている企業を調べてみましょう。

企業名	業

「市場が縮小する」とはどのようなことか、考えてみましょう。

> 👉 **ポイント**
> 「業」の変遷は……
> ①「業」が役割である以上、必ず終焉がある。
> ②時代とともに人の暮らしも変遷していくので、新たな「業」が生まれていく。

3 「業」の見方・とらえ方

1 見える「業」と見えない「業」

「業」には、あなたに見える「業」とあなたには見えない「業」があります。見える「業」とは、あなた自身が対価を支払って手に入れることができる商品やサービス、技術のことであり、あなたに見えない「業」とは、それらが生みだされていくプロセスにあります。そして、そのプロセスは、いわゆるブラックボックス化しており、多くの人々にあまり知られていません。

図表 4-5　見えない「業」

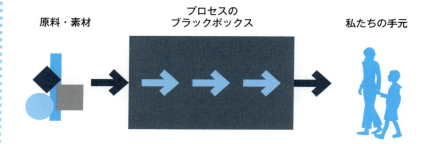

つまり、見える「業」と見えない「業」の違いを理解するには、「業」の「誰、あるいは何処に対して提供するか＝対象」を知る必要があります。

2 見える「業」B to C（対象は末端ユーザー）

「業」を提供する対象を末端ユーザーにしていることを B to C（Business to Consumer）と呼びます。「業」は、商品やサービス、技術の購入を末端ユーザーに促すために、マスメディアを利用し、商品名や企業名を広く周知させるために宣伝を行います。それにより多くの人が知ることになります。末端ユーザーは購入のために店舗やサイトを利用します。つまり、「業」が末端ユーザーに働きかけることによって、誰にでも見えるようになっていきます。

図表 4-6　見える「業」

身のまわりにある商品・サービスを探してみよう。

ワーク

B to C を理解してみる

Q.1　あなたが手に入れている商品やサービスに技術を提供している企業名を記入してみよう。

3 見えない「業」B to B （対象は企業）

「業」を提供する対象を企業にしていることを B to B（Business to Business）と呼びます。

図表 4-7　見える「業」と見えない「業」

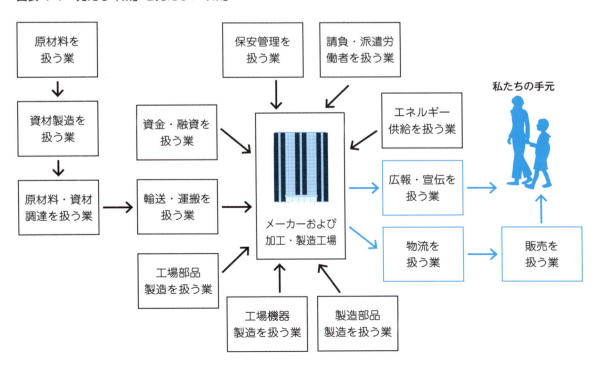

これは、ブラックボックス化したプロセスの中にあります。具体的には、末端ユーザーに提供される商品やサービスに技術を生みだすために、さまざまな「業」が連携しあっている状態を指します。この場合「業」が商品名や企業名を末端ユーザーに働きかけ、広く周知してもらう必要がないため、必然的に見えなくなっています。

　企業を対象に商品やサービス、技術を提供している「業」は、末端ユーザーを対象としてはいないので、商品や企業名などを広く周知させる必要がありません。そのため、多くの人々に知られていないことがよくあります。

ワーク

B to B を理解してみる

Q.1　図表4-7を参考にして、描いてみましょう。

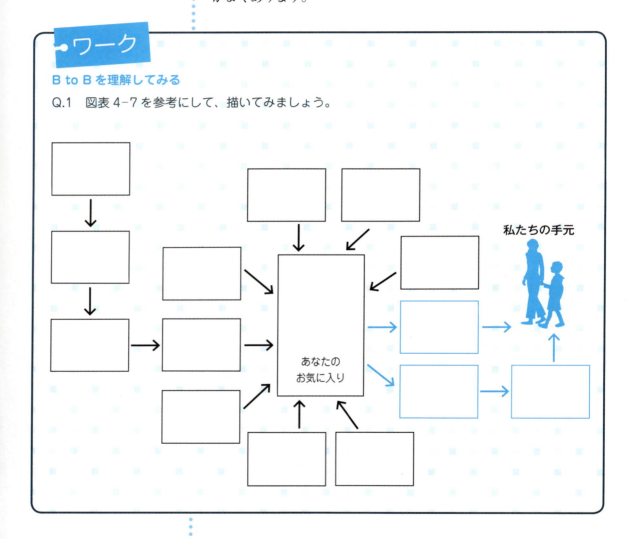

4 同じ「業」でも役割のあり方はさまざま

　一見すると同じ「業」であるはずなのに、商品やサービス、技術を生みだすうえでの「何のために＝目的」の違いで、その役割がまるで違う「業」があることも知っておく必要があります。

図表 4-8 「業」としてのアパレルの位置

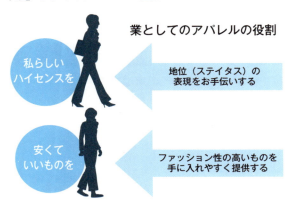

ワーク

同じ「業」でありながら役割の違いを理解する

Q.1　同じ「業」で、役割が違うものを記入してください。

Q.2　上記に記入した「業」についてその目的を記入してください。

身近な企業を例にして、考えてみよう。

ポイント

「業」の役割の違いは……
①世の中には、B to C よりも B to B の「業」が圧倒的に多い。
②同じ「業」でもさまざまな役割の違いがある。
③この役割の違いは、企業が掲げる「企業理念」の違いともいえる。

4　まとめ

　産業が「人の生活に必要な物的財貨および用役を生産する活動」である以上、「企業の事業＝業」は、終焉と誕生を繰り返しています。そう遠くない未来に、大学を卒業し、就職をして社会に生きるあなたは「企業の事業＝業」について深く理解しなければいけません。なぜなら、それがあなたの将来の職業選択につながるからです。そして、あなたの身のまわりを見渡してください。そこには「業」があふれているはずです。

第5章 私にとっての「働く・就職する」とはについて考える

この章で学ぶこと

「働く・就職する」とは、どのようなことなのかを考察し、「勤労観・職業観」の形成を目指します。「勤労観・職業観」こそが、職業を選択するための基準であることを理解していきましょう。

1 「働く・就職する」を考える意味

1 早期離職をする新入社員たち

厚生労働省の発表によれば、1995（平成7）年から現在まで、大卒新入社員の3年以内の早期離職率は約30%で推移しています。離職の主な理由は下記の通りです。

社員の離職理由

[入社1年目]
- 仕事が自分に合わない＝自分にとっての適職、または自分がやりたいこと、できることではなかった。
- 職場の人間関係がよくない＝企業風土や上司や同僚との人間関係がよくなかった。

[入社3年目]
- 会社に将来性がない＝会社の安定性に疑問をもった。
- キャリア形成の見込みがない＝仕事をうまく教えてくれない。自分自身が成長できないと感じた。

[入社1年目と3年目に共通]
- 賃金・労働条件がよくない＝給料、ボーナス、休日数、勤務時間、残業の有無、福利厚生、勤務する地域、転勤の有無などの採用条件が違っていた。

ワーク

早期離職の理由について考える

Q.1　早期離職の理由について、あなたは共感できますか。

2 リアリティショック

「リアリティショック」とは、入社前に抱いていた仕事のイメージと現実の仕事とのギャップにショックを受け、「こんなはずではなかった」「こんな仕事がやりたいわけではない」と仕事に対して、ネガティブな意識をもってしまう状態のことをいいます。入社1年目から3年目に起こりやすいといわれています。

アメリカの心理学者であるエドガー・H・シャインがその著作『キャリア・ダイナミクス』で記している「リアリティショック」が、3年以内の早期離職の理由としてまさに当てはまっています。

そして、前述のワークの設問において、共感できると答えた人たちは、入社前と後での仕事に対するギャップを感じ、リアリティショックに陥りやすい予備軍といえるかもしれません。

3 就職活動準備のあり方

現在の大学生の就職活動は、学生自身が、入社後に仕事へのギャップをできるだけ感じず、リアリティショックに陥らないように、学生と職業（または企業）との「ベストマッチング」を基本にしているといわれています。そのために、大学生は企業にエントリーする前に、下記の準備を行うことで自分自身の「職業とベストマッチングできる職業を選択する基準」を明確にしておく必要があります（図表5-1）。

図表5-1　企業エントリー前に準備すること

自己分析	自分の強みや関心を知り、やりたいこと・やってみたいこと・できることを知る
業界研究	自己分析で知った自分と業・職をつなげるために業界を把握し、その業・職を行っている企業を絞り込む
企業説明会	絞り込んだ企業の説明会に参加し、企業規模・安定性・雇用条件・職場の雰囲気・人間関係などを確認し、エントリーを決める

しかし、こうした準備を行っていても、「リアリティショック」に陥ってしまうことがあります。それはなぜでしょうか。

その理由には、第4章「産業とは何か」で述べた「業」が関わっています。「業」とは、社会および人々の暮らしを支える役割のことです。

図表5-2　「業」とは

> 素早く荷物を運んでほしい人がいるから、運搬というサービスが生まれ運搬というサービスがあるから、社会・人々の暮らし利便性が向上する。
> つまり、運ぶことがやりたい・できるだけで、運搬というサービスは生まれない。

> 役割は、「やりたい・できる」に先行して存在する。

図表5-2が示しているように役割は「やりたい・できる」に先行して存在し、単純に職業に当てはめることができないので、「ベストマッチング」は成立しにくいのです。これでは誰もが、入社前と後でのギャップが生じ、リアリティショックに陥るのは当然です。そのため、職業が役割であることを正しく理解したうえで就職活動の準備を行い、「働く・就職する」という自分にとっての「勤労観・職業観」をうまく形成しておく必要があるということを理解してください。

> **ポイント**
> 自分と職業とのベストマッチングのためには……
> ①自分と職業とのベストマッチングのためには自分の「やりたい・できる」を考える。
> ②それだけではなくさらに自分の「勤労観・職業観」を基準に就職活動をする。

2　「働く」とは何か

1　働くという行為

「働く」とは、どのような行為なのでしょうか。

ワーク

「働く」とは何かを考える

Q.1　働くとは、どのような行為をすることでしょうか。

[　　　　　　　　　　　　　　　　　　]

Q.2　あなたは今まで働いた経験がありますか。

[　　　　　　　　　　　　　　　　　　]

　多くの人に「働くとは」と尋ねると、ほとんどの場合「お金を稼ぐこと」という答えが返ってきます。それでは、現金収入のない家事やボランティアについては、「働く」とはいわないのでしょうか。多くの人はこの質問に「家事やボランティアも働いています」と答えるは

ずです。

　「働く」とは報酬の有無に関係なく、誰かの役に立つ行為をすることです（図表5-3）。そして「働く」は表現を変えると「自分の役割」をもつこととともいえます。たとえば、家事であれば「家庭での役割をもつ」、被災地のボランティアであれば「被災者に対する役割をもつ」、社員であれば「企業での役割をもつ」ことです。ですから、「家のお手伝い」や「学校での係」などを考えれば、幼少期から誰もが「働いた経験」があるといえます。

図表5-3　役立つ行為が「働く」ということ

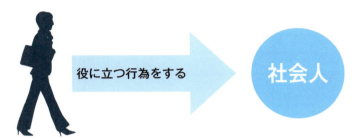

ワーク

あなたの「働く」について考える

Q.1　過去から現在までのあなたの「働いた」経験を記入してください。

いつごろ	何をしましたか	誰の役に立っていましたか

❷ なぜ、働くのか

　「働く」ことは誰かの役に立つ行為ですが、なぜ人は誰かの役に立つことができるのでしょうか。そして、誰かの役に立つことだけで、「働く」ことを継続していくことはできるのでしょうか。

ワーク

働き続けられるか考える

Q.1 あなたは働くことを継続していく自信はありますか。
全体を100％として色をつけましょう。

0%	10%	20%	30%	40%	50%	60%	70%	80%	90%	100%

Q.2 その理由を書いてみましょう。

働くこと、すなわち誰かの役に立つ行為を継続していくことは、非常に難しいことです。とくに、家事や学校の係などの報酬をともなわない労働に関しては、しかたがないからやっていたり、ときには手を抜いたり、さぼったりしたことは誰にでもあるのではないでしょうか。また、報酬をともなう労働でも、常に意欲をもってやっているかと尋ねられて、「はい」と答えられる人は少ないのではないでしょうか。

では、どうやって、人は「働く」ことを継続しているのでしょうか。

ワーク

働く意欲について考える

Q.1 あなたがこれまで働いた中で、やってよかったこと、うれしかったことがありましたか。

Q.2 その理由を書いてみましょう。

人は、「働く」ことを通じて、さまざまなものを手に入れています。そして、それを手にしたときに、人は働くことの喜びやうれしさを感じることができます。働くことで手に入れることのできるものは、図表5-4の通りです。

図表 5-4　働くことで手に入れることのできるもの

目に見えて感じることができるもの		目に見えないが感じることができるもの	
報　酬	衣食住の安定	人とのつながり	感謝・必要とされる・居場所
保　障	安全や安心	達成感	自分がやりきったこと・がんばったこと
豊かさ	欲しいものが買えること	成　長	自分が成長できていること・実感
地位・名誉	出世や役職	評　価	人から認めれる・褒められる

　ただ、残念なことに、人は「働く」ことに対してどこか「しかたがないこと」「やらなければならないこと」などの気持ちが強く、ついつい「働く」ことを通じて手に入れることのできるものを見失いがちになります。このことも、「リアリティショック」に陥る要因なのかもしれません。「働く」ことを通じて自分は何を手に入れたいのか、「自分の働く目的」を明確にすることが大切です。それが「働く」ことを継続させていく意欲（エネルギー）になることを理解する必要があります。

❸ 働くことは自分のためでもある

　「働かざる者、食うべからず」という言葉があります。これは、働かない者は食べる資格がないという意味の言葉ではなく、「誰かの役に立つことが、人として自立をする」という「働く」ことの尊さを表現している言葉だといわれます。「働くとは、誰かの役に立つ行為をすることが、自分のためでもある」ということです。その意味で、大学生は「働く」ことを経験するチャンスのときです。報酬の有無にとらわれずに働き、それが誰の役に立っているのか、そして、働く中で自分が得た喜び、うれしさをじっくり味わい、「働く」ことを再確認してください。

> 👉 ポイント
>
> 働くとは……
> ①自分のためでもあり、誰かの役に立つことをする。
> ②「やりたい・できる」をとおして役立つことを探す。

3　「就職する」とは何か

❶ 就職とは

　就職とは、文字通り「職に就く」ことであり、現在では多くの場合、企業に入社して職を得ることをいいます。では、企業に入社して職を得るとはどのようなことなのでしょうか。

図表5-5に示しているように、企業は「業」を成立させるためのチームです。

図表5-5　「業」を成立させる企業のしくみ

人の生活を支えるために必要なことを知る → 次に、それを商品・サービス・技術として実現する → そして、それらを提供していくためにチームを組織する →

　チームには、必ずポジションがあります。同様に、企業には「業」を成立させるためのポジションが存在します。そのポジションは大きく分類すると図表5-6の3つがあります。

図表5-6　「業」を成立させるための3つのポジション

- 商品・サービス・技術を**創造するポジション**
  企画・開発・研究・製造など
- 商品・サービス・技術を人・社会に**提供するポジション**
  営業・販売・広報など
- 企業内を**管理するポジション**
  総務・人事・財務など

　それぞれのポジションが、連携し合い、力を合わせることで「業」が成立する＝社会・人々の暮らしを支える役割を果たしています。企業における社員一人一人は、ポジションを担うことで、社会・人々の暮らしを支える役割を得る、表現を変えると「社会・人々の暮らしにとって必要不可欠な存在」になります。自分が社会・人々の暮らしに役に立っているという思いが、自分の自負心や、やりがいにつながります。つまり、大学生の「働く」を通じて手に入れることの中に「自負心とやりがい」がつけ加えられます。

図表5-7　「私の役割」を見つける

　就職とは、ただ職に就くだけではなく、社会参加することにもつながります。

❷ 企業で働くとは

　企業で働くことは、「業」を成立させるために「職」を果たすことであり、やるべきことをやることです。つまり、「職」の仕事の中には「やりたいこと」もあれば「やりたくないこと」もあり、「できる」こともあれば「できないから身につけるべきこと」もあります。これが、入社前と後でのギャップの正体です。ですから、大学生は自分の

働く目的を明確にする必要があり、それにむけて「働く」必要があることを理解してください。

> **ワーク**
>
> **「就職する」を考える**
>
> Q.1　あなたが就職する目的は何でしょうか。
>
> ［　　　　　　　　　　　　　　　　　　　　　　　　　　　］
>
> Q.2　あなたは就職をすることで、どのように社会・人々の暮らしを支えると自負心とやりがいを得ると思いますか。
>
> ①人が喜ぶこと　②人を助けること（支援）　③人が楽しむこと
> ④人と人を結びつけること　⑤個人の暮らしが便利になること
> ⑥個人の暮らしの質が上がること　⑦個人が安心した暮らしができること
> ⑧社会全体が豊かになること　⑨社会が幸福になること
> ⑩社会・暮らしをおもしろくすること　⑪社会全体が便利になること
> ⑫地域を盛り上げること　⑬その他（　　　　　　　　　　）
>
> Q.3　Q.1およびQ.2について、どのような商品・サービス・技術に関わりたいですか。
>
> ［　　　　　　　　　　　　　　　　　　　　　　　　　　　］

> **ポイント**
>
> 企業で働くとは……
> ①自分の働く目的を明確にすること。
> ②社会・人々の暮らしを支える存在になること。

4　まとめ

　大切なのは、やみくもに就職活動準備をすることではなく、大学生であるという機会を生かして、じっくりと「働く・就職する」とは何かを考え、経験することです。「働く」ことに対する自分の考えである「勤労観」を形成し、そのうえで「どのような目的で、どのように社会・人々の役に立ちたい」のかという「職業観」を養うことが、将来の職業選択につながることを忘れないでください。

社会で働くために 〈第1部のまとめ〉

　第1部「社会で働くとは」（第1章～第5章）では、「社会にでて働く」ということを共通のテーマとして、その準備に必要なことについて、基礎的な知識を含めて学んできましたが、いかがでしたでしょうか。ここでは、それぞれの章の復習をします。第1部での学びを振り返ってから、第2部にすすみましょう。

●第1章　働くことを知る
　「就業状態」「従業上の地位」「雇用形態」といった労働力調査で用いられている用語について学びました。また、統計データをとおして、労働市場の現状を理解できたと思います。これらは、社会人・職業人の常識ともいえる知識です。しっかり身につけましょう。

●第2章　産業と職業
　国が定めた標準分類に基づいて、「産業」と「職業」の違いを学びました。また、職に就いている職業人にとって、「産業」は勤務先を表し、「職業」はその人が行っている仕事を表しています。この両面から将来の仕事を考えることによって、就職活動に結びつくということも理解しましょう。

●第3章　職業世界を眺める
　「職業分類」「ホランドの6領域」「DPT分類」という職業世界の「のぞき窓」をとおして、職業の世界全体を眺めました。職業選択に際しては、個別の職業を調べるだけでなく、その前に職業の世界全体を眺めてみることによって、具体的な職業の選択がしやすくなることを理解しましょう。

●第4章　産業とは何か
　産業とは「人の生活に必要な物的財貨および用役を生産する活動」であることを学びました。社会のニーズによって産業の世界は変化すること、「B to C」よりも「B to B」のほうが圧倒的に多いこと、同じ「業」でも役割の違いがあることなどを理解して、将来の職業選択に生かしましょう。

●第5章　私にとっての「働く・就職する」とはについて考える
　「勤労観・職業観」をキーワードとして、「働く・就職する」ことについて考えました。「働く」ことについての自分自身の考え方や価値観が見えてきましたか。ここで気づいたことをより深めながら、実際の職業選択に生かしていきましょう。

第1部で学んだこと、気づいたことは、「社会で働く」ための第一歩となります。そこへつなげるため、下記のワークをとおして、皆さん自身でも、振り返りをしましょう。

ワーク

社会で働くことにむけて

Q.1　第1部であなたが学んだこと、気づいたことは、どのようなことでしょうか。また、あなたが自分にとっての課題であると感じたのは、どのようなことですか。自由に書いてみましょう。

（1）学んだこと、気づいたこと

（2）自分にとっての課題

Q.2　自分にとっての課題について、今からできることは何でしょうか。実際にできることで、あなたが取り組んでみようと思ったことを書いてみましょう。

MEMO

第2部

自分を知るとは

第2部は、「自分自身を理解する」ことがテーマです。自分を知ることは、将来のキャリアについて考えるうえで大切な土台となります。これまでの自分の経験や学習から、自分を取り巻く環境から、職業に関する関心や指向から、自分を理解していきましょう。そして、最後に「私のキャラクター」を明確に整理してみましょう。

第6章 なぜ、自分を知るのか

> **この章で学ぶこと**
> これから将来の進路を決め、選択した状況の中で活動する際に、自分を理解することがどのようによい影響を引きだすのか、また、自分の行為の満足や充実にどのように関わるのか、などについて考えていきましょう。

1 職業人人生をエンジョイするために

部活やクラス活動の場面などで、理想的な状況を想像してみてください。おそらく下のような状況だと理想的といえるのではないでしょうか。

> 自分を十分に発揮できている
> かつ
> まわりが認めてくれている

ワーク

自分にとって理想的な状況とは、どんな場面かを考える

Q.1 具体的に思い浮かんだことを書きだしてみましょう。

皆が自分のアイデアを採用してくれるとか、一緒に喜んだり悲しんだりしてくれる人がいるとか、どうだろう。

しかし、現実はそう甘くありません。おそらく、図表6-1のようになっているのではないでしょうか。

図表 6-1　環境理解と自分理解

上の4つの象限を行ったりきたり、ぐるぐる回っている状態です。できるだけ理想のポジション 自分 OK まわり OK に長くとどまろうと思ったら、何をすればよいのでしょうか。

それは縦軸の「自分理解」と横軸「環境理解＋適応」をはっきりさせることです。これらがはっきりすれば、将来の進路決定にどのようなよい影響をもたらすのかを考えてみましょう。

1 見通しをもつ

今まで行ったことがない場所へ行くときに、下調べや地図をもたないで行くのは心細いものです。私たちはある程度の「大丈夫そうだな」という見通しをもたないと、勇気をだして前にすすみづらいのです。

自分を理解することは、この「見通しをもつ」ということにつながります。たとえばアルバイトを選ぶときは、「自分にできそうか」「自分の空き時間に重なるか」「自分の興味あることか」「自分の希望する額になりそうか」など"自分に関する知識"を総動員して、やるかどうかの見通しを立てているのではないでしょうか。また、この知識がたくさんあると選べる選択肢が広げやすいし、はっきりした部分があれば「これは、外せないな」とか「どうでもいいな」という優先順位づけがしやすくなるはずです。

> 自分の意見をころころ変えて定まりのつかない人や、まわりを無視して自分を通す人を私たちはあまり信用しませんよね。
> 一方で一貫性のある発言や行動、まわりへの理解ある発言や行動を私たちは信用します。自分と環境を理解すると信用できる発言や行動ができるようになるのです。

👉 ポイント
少し先の未来の見通しが立てば……
①行動する勇気がわいてくる。
②選ぶ基準や優先順位がつけやすくなる。

2 自分で自分を支えられる

　職業人として社会にでると、一筋縄ではいかないことが起こりそうだとか、自分の能力が通用するのか、などといった不安を抱くという声をよく聞きます。中には、自信満々の人もいるでしょうが、そんな人でも元気をなくしたり意欲が下がることはよくあることです。

　そういうとき、成熟と未熟を分ける最大の違いは、「自分で自分が支えられるか」ということです。成熟した職業人であれば、自らの力でリカバリーを果たすものです。それを支えるのが「自尊心」「自己肯定感」「自己効力感」といわれる自分に関する知識に基づいた、リカバリーエネルギーの源をどのくらい自覚しているかどうかです。

　多くのスポーツ選手が以下のような経験をしています。体調が悪かったりスランプだったとしても、試合や大会は待ってくれません。ベストでない自分が試合にでて結果がでた時に、もし負けたり満足がいかなかったとしても、「自分は、最悪のコンディションでも、ここまではできるんだな」と思うそうです。

　これらは"最悪の場面でも日頃の練習で身についていることは自分を裏切らない。最低ここまではできる"という自信であり、自分の能力についての見通しです。有力選手であればこの自信や見通しは、コーチやサポートスタッフと共有されているはずです。

　自らが認めている自分と他人に認められている自分がしっかりと重なっているとき、私たちは居心地のいい実感を得られます。自分のことをよく知らない人に褒められても「ちがうんだけどな」という違和感があります。自分の信頼している人に認めてもらえるとうれしくなるのはそのためです。

図表6-2　等身大の自分を理解する

　自分のことを等身大に認めるためには、過去の経験など実体験に基づいた根拠をともなわせて自分を把握する必要があります。根拠や理由が見当たらないと、あやふやなままに混乱したりするので自己評価が過大になったり過小になったりしがちです。これでは、自尊心や自己肯定感、自己効力感は安定しません。不安定な自分観のままだとここ一番の難しい場面などで、自分が信じられず力がでなかったり、諦めたりしてしまうでしょう。

用語

自尊心
自分を大切にする気持ち

自己肯定感
自分をポジティブに評価する気持ち

自己効力感
何か課題に直面したとき、関われる見通しを立てる自信

> **ポイント**
> 自分で自分を支えられるようになるために……
> ①経験を吟味して根拠のある自分を自覚させる。
> ②自尊心、自己肯定感、自己効力感を安定させる。

2 職業を選択するために

　自分をよく理解できると、判断基準や選択肢を明確に意識しやすくなります。「好きを仕事に」という言葉がありますが、これについてどのように思いますか。手がかりとして「好き」は重要ですが、「好きなことは趣味であり仕事にはつながらない」とか「好きを仕事にしたら好きでなくなってしまう」などという話もよく聞きます。「好き」だけではうまくいかないことも多いのです。この点について深く検討してみましょう。

1 自分の特徴を知る

　人は、一人一人さまざまな特徴を備えています。それらの特徴は職業を選択する際の手がかりとして大変重要です。しかし、「興味・関心」という特徴が強調されすぎていて、混乱気味の人がいるのも事実です。この点についてはどのように考えたらいいのでしょうか。

　第5章では「役割（職業）はやりたい・できるに先行して存在する」とあります。「必要」や「貢献」がもともとあってそれを実現するのが個別の職業であるという意味です。つまり、職業選択の手がかりは「興味・関心」以前に「必要」や「貢献」を考えたほうがうまくいきます。また、もう少し踏み込むと、「興味・関心」が思いつかないなら、ほかにも手がかりはたくさんあるということです。

ワーク

自分の特徴を考える

Q.1　次の語群の中から、自分の特徴がはっきりしているものを順に並べてみましょう。

語群　性格・外見・持ち物・興味・関心・交友関係・
　　　能力・価値観

はっきり←　| 1位 | 2位 | 3位 |　→ぼんやり

第6章　なぜ、自分を知るのか

49

2 自分の特徴および社会の必要と貢献の関係

ワークの内容をもとに、次の図を見てみましょう。

図表6-3 「必要と貢献」に対する自分の特徴

職業の世界に対して、自分の「価値観」や「興味」、「能力」のエリアが重なっています。この重なっているエリアが、職業を選択するうえでポイントとなります。

これらの項目のすべてが重なり合う部分、またはどれか1つの項目を重視して重なりを探すこともできます。

すべてが重なり合っている図

特定の項目を重視している図

さらに考えると、人によってその形はもっと多様になります。

たとえば、自分の価値観を形で表してみるのもいいですね。なぜ、そんな形をしているのですか。その形について、どう感じていますか。

第2部 自分を知るとは

第6章 なぜ、自分を知るのか

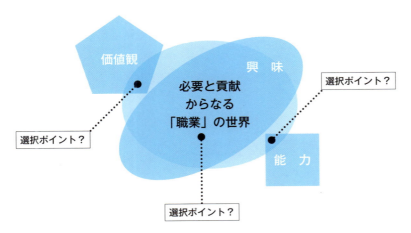

人によっては、興味や能力や価値観の形はまったく違います。ただし、職業は、最低限どこかしらで社会に対する必要や貢献と接点をもっています。

つまり、「好き」を明確にもっていたとしても「好きを仕事に」という考えよりも「好きを通じて仕事に」と考えたほうが可能性が広がり選択しやすいのではないかと考えられます。

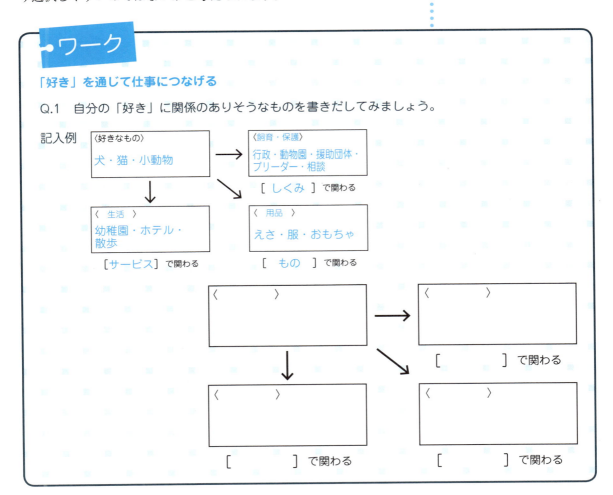

> **ポイント**
> 自分の特徴を知れば……
> ①可能性や選択肢が広がる。
> ②必要と貢献からなる職業の世界との接点が見つかる。

3 成長や変化を意識しよう

　もう1つ強調したいことは、「時間を味方につける」という考え方です。たとえば今の自分の能力について、極端に「自信がもてない」「できる気がしない」と萎縮してしまう人がいます。しかし冷静に考えると、子どもの頃からこれまでにさまざまな成長や変化を経てきて、今があるはずです。時間とともにこれから先もさらに成長や変化を遂げていく可能性があるといえます。

ワーク

自分の可能性を考える

Q.1　自分の可能性は、以下のどんな成分でできていると思いますか。

語群　努力・才能・練習・時間・資金・運
　　　その他（　　　）

円グラフに上記の成分を割り振ってみましょう。

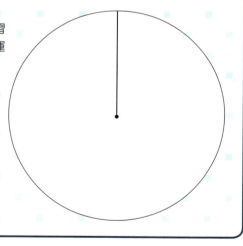

ちなみに、2017年現在の日本人の平均寿命は、男性は81.09歳、女性は87.26歳（厚生労働省「平成29年簡易生命表」）だそうだよ。

　あなたの両親やまわりの大人たちの年齢はいくつですか。日本の平均寿命をもとにした場合、男性81歳、女性87歳として、その年齢までに何年ありますか。皆さんには確実にまわりの人以上に時間が残っているはずです。可能性の最大主成分は時間です。もちろん運や才能も関係あるでしょうが、時間をかけて行う繰り返しやものごとの積み重ねは、才能が開花するのをぼんやり待ちぼうけするよりも確実に成長や変化をもたらします。

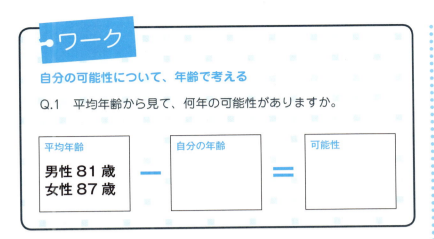

また、同時に今の自分を等身大に理解することとまったく同じくらい、これから先の自分の成長や変化を理解することも重要です。時間は大学生の皆さんにとっては敵ではなく、力強い味方なのです。このテーマについては、第7章の「時間をとおして自分を知る」でくわしく見ていきましょう。

"自分はどのように成長や変化をしてきたのか"を理解することによって、"今後、こんなふうに成長や変化ができそうだ"という「見通し」も立てやすくなります。これはこの章で強調してきた行動への手がかりを得るということの裏づけでもあります。

> 次の章以降で、具体的に自分の経験や考えを整理していきます。

ポイント
成長や変化を成し遂げるには……
①未来を信じる力が必要である。
②可能性の最大主成分は時間である。

4 まとめ

自分をよく理解することが、未来の選択のための基準づくりになります。今すぐすべてが理解できなくてもかまいません。大学生活の経験の中で自分とむき合うようにしていきましょう。

第7章 時間をとおして自分を知る

この章で学ぶこと
「私」をよく知るためには、過去から現在に至るまでの時間の流れの中で、経験・体験・学習してきたことを振り返りながら、「私」を再評価することが重要です。再評価の仕方について、ワークをとおして理解していきます。

1 自分史をつくろう

1 外的キャリアと内的キャリア

人のキャリアには、外的キャリアと内的キャリアがあります。外的キャリアとは、経験・体験・学習してきた事柄であり、内的キャリアとは、経験・体験・学習を通じて、成長している「自分の内面」です。

そして、「私」をうまく知るとは、「外的キャリアを根拠とした内的キャリア」を自覚することによって形成される「自分観」をもつことといえます。

図表7-1 「外的キャリア」と「内的キャリア」が「自分観」をつくる

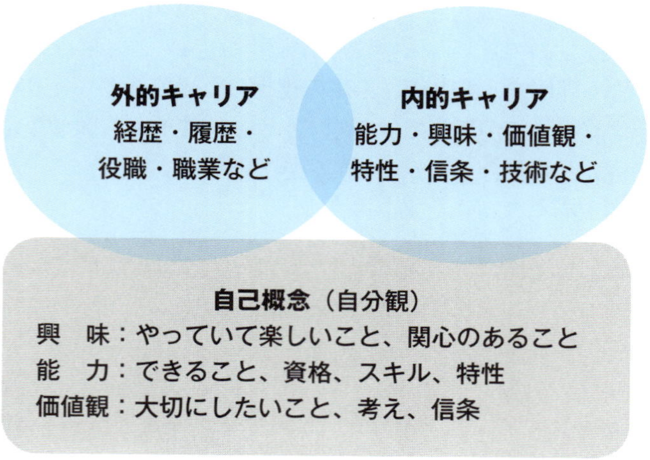

外的キャリア
経歴・履歴・役職・職業など

内的キャリア
能力・興味・価値観・特性・信条・技術など

自己概念（自分観）
- 興　味：やっていて楽しいこと、関心のあること
- 能　力：できること、資格、スキル、特性
- 価値観：大切にしたいこと、考え、信条

第2部 自分を知るとは

第7章 時間をとおして自分を知る

ワーク

自分の外的キャリアを整理する

Q.1 整理のやり方は、幼少期（誕生から小学校入学まで）・小学生期・中学生期・高校生期・大学生期の5つの期に区分し、それぞれの期にどのような経験・体験・学習をしてきたのかという事柄を記入します。

時期	経験・体験・学習したこと
幼少期 0～6歳	
小学生期 7～12歳	
中学生期 13～15歳	
高校生期 16～18歳	
大学生期 19歳～現在	

思いだせる限り記入してみよう。

2歳の頃 弟が生まれた
3歳から乗り物のおもちゃを集めていた
4歳の頃 母の料理を手伝った・自転車の練習を始めた
5歳の頃 幼稚園に入園した など

8歳で父の仕事で転校した
10歳で地元の野球クラブに入った など

13歳で野球部に入った
14歳で生徒会の副会長になった など

16歳で部活に入らず帰宅部でひたすら映画を見るようになった
17歳で父が亡くなりアルバイトを始める など

20歳で映画サークルの幹事とアルバイトリーダーになる など

ポイント

自分史をつくることで……
① 「外的キャリア」を整理できる。
② 自分を理解する第一歩になる。

2 自分史から理解できる私

1 内的キャリアを理解する：興味

　自分史をじっくり振り返りながら、自分の内的キャリアを理解していきます。まずは自分の興味を理解してみましょう。

ワーク

興味を考える

Q.1　自分の好きなこと・嫌いなこと、あるいは関心があること・関心がないことを記していきましょう。

興味がある＝好き・関心がある

興味がない＝嫌い・関心がない

漫画・数字・食べること・洗濯など、好きと思えることは何でもいいよ。

　自分の興味は、自分自身の視野につながるといわれています。人は好き・関心があることについての知識・情報・商品などについては非常に敏感になり、知ろうと行動していきます。しかし、嫌い・関心がないことは、仮に自分の目の前にあっても知ろうとはせず、非常に鈍感です。つまり、興味の広がりは、自分の視野が拡大しているのと同じといえます。では、あなたの視野について考えましょう。

ワーク

興味・関心のあることについて考える

Q.1 下記の表は、新聞が日々伝えているニュースの項目です。一番関心が高い項目を100として、ほかの項目の値を決め、レーダーチャートを完成させてみましょう。

項　目	詳　細
政治	日本の政治に関する全般
国際情勢	国際社会で起きていることや日本との関係性。グローバルな出来事
雇用・社会保障	雇用制度や求人動向。日本の社会福祉や保障制度
トレンド	ファッション・映画・音楽・観光・食・小説・アニメ・ゲームなど
暮らし	生活に関わる全般。家事・家電・住居やインフラ・地域など
事件・事故	日本社会で起きている事件や事故・災害など
スポーツ・芸能	スポーツや芸能全般
経済	日本の経済動向や企業など

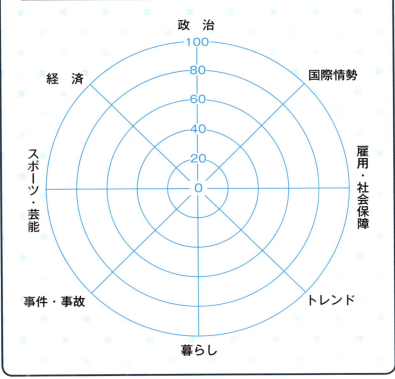

2 内的キャリアを理解する：能力

能力とは、得意な科目と苦手な科目、知識（ものごとについて、くわしく知っていること）、できることとできないこと（家事・趣味・部活やサークルなどにおいてやること）、資格取得や受賞したことなどを表しています。

科目なら、数学・社会が好きまたは嫌い。
知識なら、映画・鉄道・料理にくわしい。
できることは、掃除に洗濯や友だちと仲よくなるなど……。
できない（苦手な）ことは整理整頓やメモをとる。
資格なら英検3級。
受賞なら、小学校3年生のときに作文で学校から賞をもらったなど、思いつくものを記入していこう。

ワーク

得意なこと・苦手なことを考える

Q.1　自分史をじっくりと眺めながら、得意なこと、苦手なことを記入しましょう。

科　目	
得意な科目	苦手な科目
知識（くわしく知っている）	
できること・できないこと	
できること	できないこと
資格取得・受賞	

自分の能力は、自分がものごとをするときの効率（早さ）や、完成度合（上手下手）に直結しているといえます。ただ、誰もが最初から早く、上手にできるわけではなく、何度も繰り返して早く、上手になっていきます。能力は向上していくものです。

Q.2　では、あなたの能力の向上を線で示してください。

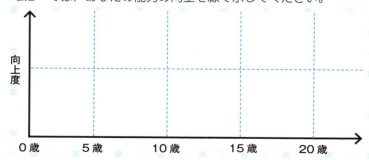

起点は中間から、なぜなら0歳のときには、充実・満足についてはわからないよね。

山や谷はこんな感じ

第2部 自分を知るとは

第7章 時間をとおして自分を知る

3 内的キャリアを理解する：価値観

　価値観とは、自分自身が大切である・大事である・重要であると心が感じることです。人は大切・大事・重要であることが身近に感じられると充実感や満足感を得ます。しかし、それが遠くにあると感じると充実感や満足感を失います。

ワーク

充実・満足を考える

Q.1　自分史をじっくりと眺め、心に問いかけながら充実度・満足度の曲線を引いてください。

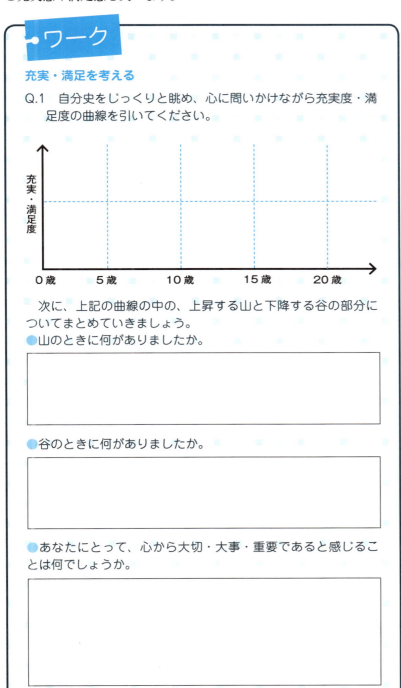

　次に、上記の曲線の中の、上昇する山と下降する谷の部分についてまとめていきましょう。

●山のときに何がありましたか。

●谷のときに何がありましたか。

●あなたにとって、心から大切・大事・重要であると感じることは何でしょうか。

たとえば、家族に友人やお金、あるいは、家族の笑顔に、自分が一番や成長するなど。
表現は自由に記入してみよう。

自転車の練習をし始めて、少しでも乗れるようになったらうれしいと感じていたのが、それが当たり前になると、成長しているといわれても実感がわきません。能力が定着すると、成長を忘れてしまうのです。

4 人は必ず成長する

外的キャリアである経験・体験・学習を時間の流れの中で積み重ねていくと、内的キャリアである自分の興味・能力・価値観は成長していきます。

内的キャリアが成長していくイメージは、次の通りです。

> 興味は、円がどんどんと広がっていくイメージの拡大
> 能力は、どんどん上へとのぼっていくイメージの向上
> 価値観は、どんどんと深まっていくイメージの深化

ワーク

成長の実感について考える

Q.1 あなたは、自分が成長しているという実感がありますか。たとえば、大学に入学してから、3年前からなど、数年前と比較して成長していると感じる割合を塗りつぶしてみましょう。

0%	10%	20%	30%	40%	50%	60%	70%	80%	90%	100%

自分の内的キャリアについては、自覚しやすいものと自覚しにくいものがあります。たとえば、新しく始めたことについては、誰でも最初はうまくいきませんから、うまくなっていくことで自分の成長を感じます。

しかし、それが自分の中で定着すると当たり前になり、当初は感じていた成長を忘れてしまいます。また、よくいわれる「壁にぶつかる」という言葉通りに、人は成長していくのと同時に自分のできないこと、駄目なところに気づくようにもなり、自分が成長しているという実感が薄れることもあるようです。だからこそ、ときには他者に自分の成長について尋ねることも必要です。

その理由は、実は他者は自分の知らない自分について客観的な視点から理解していることがあるからです。これを活用して自分について理解を深めていくきっかけとすることができます。そのことを次のワークで考えてみましょう。

👉 ポイント

内的キャリアを理解することで……
① 「私」の興味や能力、価値観を意識できる。
② 外的キャリアをとおして成長していることを実感する。

第2部 自分を知るとは

ワーク

他者から見た自分を考える

Q.1 友人などに、「私ってどんな人」と尋ね、たとえば下のジョハリの窓を図にしたものを参考にして図にしてみましょう。

例

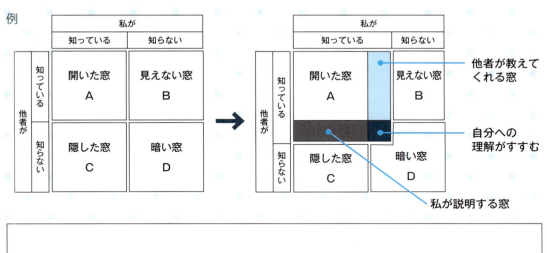

3 まとめ

　時間をとおして自分を知るとは、誕生から現在に至るまでの時間の流れの中で、自分の経験・体験・学習を根拠として自分の内面を理解することです。「自分はそうなのか」と腑に落ち、自分を認める、すなわち「自己の肯定」ができることでもあります。

ワーク

自己紹介文をつくる

Q.1 自分のことがどれだけ理解できたのかを確認するために、自己紹介文をパソコンで作成してみましょう。

用語

ジョハリの窓

自己理解を深め、良好な人間関係を築くために提唱された心理学モデル。
自分についての理解を4つの窓（「開いた窓」「見えない窓」「隠した窓」「暗い窓」）に見立てている。「開いた窓」が大きくなるほどコミュニケーションがスムーズになると考えられている。

第8章 環境をとおして自分を知る

この章で学ぶこと
環境は必ず、人のキャリア（外的キャリア・内的キャリア）に多大な影響を与えます。自分の置かれている環境を知ることは、自分を知るうえで重要であることを理解していきます。

1 環境とは何か

1 環境とは社会

環境とは、「自分を取り巻くまわりの人たちや出来事などと関わり合うことで、相互に影響し合うもの」であることを意味しています。つまり、自分たちが暮らしている「社会」そのものではないでしょうか。社会とは「生活空間を共有したり、相互に結びついたり、影響を与え合ったりしている人々のまとまり」を意味します。

2 社会をとらえてみる

人が「環境＝社会」をとらえるときに、まず「暮らしている場所」と「暮らしの場面」があることを理解する必要があります。

図表8-1　暮らしている場所と暮らしの場面

暮らしている場所　　　暮らしの場面

「場所」とは、社会において自分がどの範囲まで「〇〇の一員」であると意識しているかであり、「場面」とは、自分が「そこに関わっているか」という意識です。そして、このような意識は、年齢とともに広がる活動領域によって認識されます。

図表8-2 場面と場所の変化

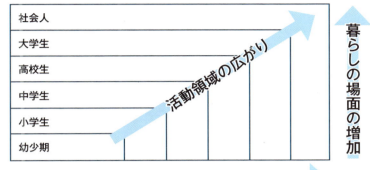

ワーク

社会をとらえる

Q.1 あなたは、次のどの範囲まで「一員」を意識できますか。意識できる範囲まで塗りつぶしてみましょう。

あなたが「ピン」とくる箇所まででいいよ。

Q.2 あなたは、それぞれの「場面」にどの程度、関わっていると感じますか。関わっている度合いが高いときは〇、ほどほどは△、低いときは×を記入してください。

場面	説明	程度
家庭	子どもやきょうだいなどとして家族に関わっている。家事などで役割を果たしている。	
学び	学生として授業・部活・サークルなどに取り組んでいる。友人・先生などと関わっている。	
遊び	1人で遊ぶ。友人・知人などと関わっている。	
趣味	趣味をもっている。趣味に没頭している。趣味で友人・知人などと関わっている。	
市民	地域活動（ボランティア・お祭り）をしている。隣人・知人・友人などと関わっている。	
職業	仕事（アルバイト）をしている。上司・同僚・後輩などと関わっている。	

3 環境によるキャリアへの影響について

人は「環境＝社会」において、さまざまな人たちや出来事に遭遇し、自分の意思に関係なく、感化されること、対応を迫られる状況が生じることで、外的キャリアを積み重ね、内的キャリアを形成しています。これが、環境によるキャリアへの影響です。

出来事には、世の中の出来事（→第7章57ページのワークで記したニュースの項目）と自分と自分の身近な人に起きるライフイベントがあります（図表8-3）。

図表8-3　主なライフイベント

	出来事
病気・事故	思いがけない病気になる。事故に遭うなど。
年　齢	年齢とともに、体が衰えたり、介護が必要になるなど。
冠婚葬祭	結婚・出産により家族が増える。死亡により、家族が減るなど。
就　職	転勤で引っ越しをする。転職・失業で家計が変化するなど。
進　学	進学により家計が変化するなど。

また、「環境＝社会」の影響は、人のキャリアにとって非常に重要な意味があります。外的キャリア（経験・体験・学習）は、図表8-4のように3つに分類されます。

図表8-4　3つの外的キャリア

must	しなければならないと自分の意思とは関係なく積み重ねてきた経験・体験・学習
can	できるからと自分の意思で動いて積み重ねてきた経験・体験・学習
want	やってみたいと自らの意思で望んで積み重ねてきた経験・体験・学習

表で示しているように、とくに「must」は、環境の影響がなせるものであり、幼少期から小学生の時期では、自分の内的キャリアの形成への芽生えを促進させているケースがあります。たとえば学習においては、小学校に入学すると、すべての授業の科目はまず「must」から始まります。そのうち、「can」になる科目ができ、やがて、もっとという気持ちになり、「want」として科目に取り組みます。

これはすべての外的キャリアにいえることで、図表8-5のサイクルが外的キャリアを積み重ねると表現しても過言ではなく、このサイクルの中で内的キャリアが形成されていくのです。

図表8-5　3つの外的キャリアの相関

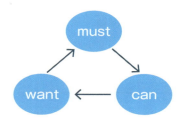

ただ残念なことに、人にはずっと「must」のままの外的キャリアがあり、「can」や「want」のように自分の意思とは関係なく積み重ねていることが多いので、自分を知ろうとするときに、つい忘れがちになってしまいます。

ワーク

「must」を考える

Q.1　第7章で作成した自分史を振り返りながら、「must」を書きだしていきましょう。

 ポイント

環境＝社会は……
①自分のキャリアに多大な影響をおよぼしている。
②影響を与え、自分を成長させる。

2　環境と内的キャリア

❶ 環境と興味

　自分の興味と環境＝社会との関連性を考えてみましょう。自分の内的キャリアである興味は、人が明確に「好き・関心がある」と自覚しているものといえます。ただ、そのきっかけとして環境＝社会の影響を受けている可能性があり、興味は、「must」から「can」へそして「want」へのプロセスをたどっているケースが数多く見受けられます。

たとえば、父親が野球好きなので小学校の低学年まで野球チームに入れられた。そのため野球はうまい。
母親がきれい好きなので、とにかく、整理整頓をさせられた。だから整理がうまい。
祖母からいつも口うるさく「だらしないのはダメ」と言われていた。自然と、自分もだらしない人は好きではない。
こういうことが「must」になるよ。

ワーク

興味のプロセスを考える

Q.1　第7章のワークを振り返りながら、下記の例を参考に自分の興味を記入してみましょう。

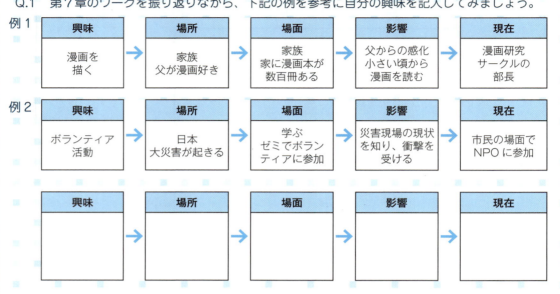

2　環境と能力

自分の能力と環境＝社会との関連性を考えてみましょう。自分の内的キャリアである能力は、「must」から「can」へそして「want」へのプロセスをたどっているものと、「must」で止まっているものがあります。「must」から「want」は、能力として非常に自覚しやすいのですが、「must」にとどまっているのは、能力として自覚が難しいのかもしれません。

ワーク

できることについて考える

Q.1　あなたがどちらかといえばできることを、場面別に記入してください（思いつかない項目は、無記入でかまいません）。

家庭	学び	遊び	趣味	市民	職業

たとえば、家庭であれば、料理、掃除、子どもの世話といった形で思いつくものを記入していこう。

Q.2 Q.1 の中から、must にとどまっていると感じる「できる」ことを記入してみましょう。

たとえば、「両親が共働きのため、掃除と料理を小学校の頃からやらされていたから、たまたまできるだけ……」といった感じで書いてみよう。

3 環境と価値観

自分の価値観と環境＝社会との関連性を考えてみましょう。自分の内的キャリアである価値観は、活動領域が広がっていく場所や場面において出会う人々から感化されたり、あるいは考え方などの違いに接したり、あるいは出来事によって喜怒哀楽という感情が揺さぶられるといったように、環境＝社会の影響を受けることにより形成されていきます。価値観は、ほかの内的キャリアよりも、環境＝社会との関連性が非常に深いといえます。

ワーク

価値観について考える

Q.1 あなたが「大切・大事」であるとする考えや意見について、影響を受けた人はいますか。

「ものを大切にするという意見は、家族という場所と家庭の場面で、祖母から教わった」というような感じで、誰からどんな考えを学んだのか記入してみよう。

Q.2 人との考えや意見の違い、親の世代と考えや意見が違うことはありますか。それは、なぜ違うと思いますか。

Q.3 あなたが今までに感情を揺さぶられた出来事について記入し、「大切・大事」であるという考えや意見との関連についても記入してください。

たとえば「貧困にあえぐ子どもたちの現状について悲しくなる」といった感情を揺さぶられたこと、そしてその出来事から「子どもの笑顔を大切したい」といった考えを書いていこう。

👉 ポイント

自分の内的キャリアの形成は……
①環境＝社会からの影響があるからこそ「始まる」。
②興味・能力・価値観の形成は、環境が重要な役割を果たす。

3 環境と社会性

1 文化と時代性

　年齢とともに人は活動領域が広がり、場所に対する意識と場面への関わりが増えます。これは同時に、さまざまな人々と出会うことも増えることを意味し、その人々と関係をつくることになります。

　しかし、よい関係をつくろうとするとき、うまくいかずにとまどうことは誰にでもあります。その理由は、人それぞれが生まれ育ってきた環境（社会）、とくに文化や時代が違った場合には、一見同じように見えても実はまったく違うことがあり、人と人との間で摩擦が生じるからです。摩擦を避けるためには、それぞれが生活をしてきた文化や時代を理解する必要があります。

> **ワーク**
>
> **違いを考える**
>
> Q.1　あなたと出身地が違う友人との間で文化の違いを感じたことがありますか。また、それはどんな違いでしたか。
>
> Q.2　あなたの両親の世代と比較してみましょう。
>
> | | 10代の頃のツールを比較 ||
> |---|---|---|
> | | 両親の世代 | 自分の世代 |
> | 音楽 | | |
> | ゲーム | | |
> | 友人との連絡 | | |
> | 友人との待ち合わせの方法 | | |

2 社会性という内的キャリア

　人との違いがあるから、関係をつくろうとする中で、人との関係を築くためのスキルである社会性という内的キャリアは、自分の意思とは関係なく、自然と身についていくことになります。

ワーク

社会性を考える

Q.1 次の項目をもとに、自分の社会性を自己診断し評価してみましょう。得意から苦手を10〜1として考えてください。

改善意識	常に何をすればベストなのかを考える	得意 ← 10 ‥‥ 5 ‥‥ 1 → 苦手
共感性	先輩・友人の悪い面を探すのではなく、よい面を知ろうとする	得意 ← 10 ‥‥ 5 ‥‥ 1 → 苦手
感受性	相手が何を伝えたいのかを理解しようとする	得意 ← 10 ‥‥ 5 ‥‥ 1 → 苦手
協調性	まず、自分の考えだけで行動するのではなく、まわりの人の話に耳を傾ける	得意 ← 10 ‥‥ 5 ‥‥ 1 → 苦手
忍耐力	意見が合わなくとも、しっかりと相手の意見を最後まで聴く	得意 ← 10 ‥‥ 5 ‥‥ 1 → 苦手
規律性	社会・会社のルールは守り、できるかぎり相手の要望を守る	得意 ← 10 ‥‥ 5 ‥‥ 1 → 苦手
自発性	言われてから行動を起こすのではなく、常に自分ができることを見つける	得意 ← 10 ‥‥ 5 ‥‥ 1 → 苦手
主張性	意見を言って反対されてもめげるのではなく、自分の意見と冷静に比較する	得意 ← 10 ‥‥ 5 ‥‥ 1 → 苦手
健康管理	次の日に仕事、学校があるということを意識して、食べるものや時間を気にかける	得意 ← 10 ‥‥ 5 ‥‥ 1 → 苦手
自己管理	ぎりぎりに職場、学校に行くのではなく、人よりも早く着くようにする	得意 ← 10 ‥‥ 5 ‥‥ 1 → 苦手
生活力	自分の部屋の掃除など、常に自分のことは人に頼らず自分でする	得意 ← 10 ‥‥ 5 ‥‥ 1 → 苦手
自己肯定力	何ができて、何ができなかったかを知る	得意 ← 10 ‥‥ 5 ‥‥ 1 → 苦手
責任感	興味のない仕事でもやる	得意 ← 10 ‥‥ 5 ‥‥ 1 → 苦手
誠実さ	約束は破らない。遅刻・無断欠勤・早退はしない	得意 ← 10 ‥‥ 5 ‥‥ 1 → 苦手
集中力	どのような仕事でも飽きずにやり続ける	得意 ← 10 ‥‥ 5 ‥‥ 1 → 苦手
自己統制力	先輩・お客様がいる・いないに関係なく、仕事をし続ける	得意 ← 10 ‥‥ 5 ‥‥ 1 → 苦手
解決力	問題が起こったら、自分ひとりで悩むのではなく先輩などに相談し、自らの解決につなげる	得意 ← 10 ‥‥ 5 ‥‥ 1 → 苦手
発想力	社会の流れ・人を観察し、その後何かできないかを考え続ける	得意 ← 10 ‥‥ 5 ‥‥ 1 → 苦手
分析力	失敗は素直に認め、成功には有頂天にならず、何ができて、できていないのかを知る	得意 ← 10 ‥‥ 5 ‥‥ 1 → 苦手
積極性	仕事は自分からやり始める	得意 ← 10 ‥‥ 5 ‥‥ 1 → 苦手
理解力	相手の話・仕事の流れを理解するように努める。そしてわからないことは素直に質問する	得意 ← 10 ‥‥ 5 ‥‥ 1 → 苦手
順応性	学校・アルバイト先・職場など、常にその場に溶け込む努力をする	得意 ← 10 ‥‥ 5 ‥‥ 1 → 苦手
受容性	相手を理解する。認める	得意 ← 10 ‥‥ 5 ‥‥ 1 → 苦手
勤勉性	職場を休まない。技術に対して復習を怠らない	得意 ← 10 ‥‥ 5 ‥‥ 1 → 苦手
率直さ	間違いがあったときは素直に認め、あやまる	得意 ← 10 ‥‥ 5 ‥‥ 1 → 苦手

ポイント

社会性は……
①人との関係をつくろうとする環境の中で生まれる。
②他者を理解するために非常に重要な内的キャリア。

4 まとめ

　人は、環境＝社会によって、外的キャリアを積み重ね、内的キャリアを形成しています。それは、自分自身でも気づかない成長をさせてくれていることを理解してください。

第9章
職業との関わりから自分を知る

この章で学ぶこと

ここでは、職業と人との関わりについて学んでいきます。人は、自分の「内的キャリア」が刺激されることで、職業を評価しています。職業を評価することは、実は自分を知ることにもつながっているということを、理解していきましょう。

1　職業と関わるとは

1　職業との関わり方

　就職活動とは、大学生がさまざまな職業や企業の情報に接しながら、自分にとっての職業選択をしていくことであり、自ら能動的に職業に関わっていかないと始まりません。

　就職活動において、大学生の職業との関わり方は、以下の通りではないでしょうか。

図表 9-1　大学生の職業との関わり方

企業情報の収集では

関わり方	どうやって
読　む	職業・企業情報を文字で
聞　く	職業・企業情報を話で
見　る	職業・企業を自分の目で
体験する	企業において職業を体験して

就職活動では

関わり方	どうやって
読　む	就活サイトや書籍などで
聞　く	OB・OG からなどの話で
見　る	職業説明会などに出向いて
体験する	インターシップなどで

　そして、大学生自身が、感じ・考え、意見をもち、自分にとってその職業、企業はどういうものかという評価をして、職業を選択していくことになります。

ワーク

関わり方を考える

Q.1 次の「某企業の新入社員むけの説明文」を読み、自分が気になる箇所にアンダーラインを引いてみましょう。

> 1959年の創業以来、工作機械・精密機器の製造を主に、事業を推進してきた当社。製造する機械・機器は、多岐にわたり、とくにドライブシャフトにおいては国内トップクラスのシェアを誇る会社です。信条は「わが国の工業分野の発展のためにキーテクノロジーを提供する」という社会的責任を自覚し、誠意を持って製造すること。堅実ななかにも積極的に課題に取り組む社風をつくりあげてきました。私たちは事業を通じて社会に奉仕し、存在価値のある会社になること、会社の永遠の発展と生活向上を図ることを経営方針に揚げています。今後も各事業の活性化を図り、技術革新、市場ニーズや経済情勢の変化に即応できる体制を整え、「価値あるメーカー」をめざしていきます。
>
> 創業以来、鉄鋼圧延設備のほか、建設機械や鉄道車両、製紙機械など幅広い分野で使用される精密機械を製造する会社として発展してきました。ドライブシャフトやインタミジョイントなどは、○○重工、○○自動車等の製品の一翼を担い、お客様と厚い信頼関係を築いています。今後は工作機械へのFAシステムの開発に力を入れ、アジア・アフリカのプラントを視野に展開していきます。
>
> 製造部門においては、お客様の最前線のニーズに応えていくために、日々、技術力を磨き、最高の機械・機器を製造していくこと、営業部門においては、設備の導入や技術サービス、そしてお客様の生産サポートをしっかり行うことが重要な仕事です。どの部門においても皆さんにはお客様への貢献を考え、しっかりと仕事にとり組んでほしいと思います。
>
> 私たちは60年の歴史を有するメーカーです。これまで「誠意と責任感をもって物事に取り組む」「自分のことだけでなく、相手の立場に立って物事を考え判断する」姿勢を大切にしてきました。そして変化が著しく、刺激あふれる時代にあって、私たちは臨機応変に、むしろ変化を楽しむ前向きな集団であり続けたいと考えています。個々の能力を最大限にいかすことを理想とし、若いうちから活躍の場が与えられる組織です。気さくでフランクな社風であるとともに、ひとりひとりの個性を活かした活躍の場も多く、チャンスが与えられる会社であると自負しています。

とにかく、気になったらアンダーラインを引こう。

アンダーラインの箇所を隣の人と見比べてみよう。

第9章 職業との関わりから自分を知る

2 職業と内的キャリアというフィルター

大学生が職業と関わり、職業を評価するのは、自分自身の内的キャリアが刺激を受け、実感をもつことで可能になります。だから、上記のワークでのアンダーラインの箇所は人それぞれ違うはずです。内的キャリアは職業を評価するフィルターとなり、職業に関わることは、自分を知ることに直結します。

図表 9-2　興味・能力・価値観の関わり

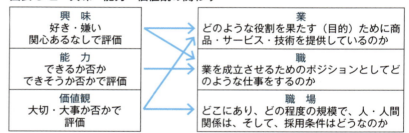

> ### ワーク
>
> **内的キャリアに振り分ける**
>
> Q.1　前ページの「某企業の新入社員むけの説明文」でアンダーラインを引いた箇所を自分の内的キャリアに振り分けてみましょう。
>
> | | |
> |---|---|
> | 興　味 | |
> | 能　力 | |
> | 価値観 | |

👉 ポイント

職業と関わるということは……
①職業を評価することは、自分の内的キャリアが関わっている。
②職業に関わることが、自分を知ることにつながる。

2 職業と内的キャリア

1 職業と興味

これからワークという形で職業と関わり、自分の興味をさらに理解していきます。

ワーク

興味を振り分ける

Q.1 下記の「業」について、「興味がある」「興味がない」「どちらともいえない」「知らない」の４つに振り分けてください。

メーカー	重工業・食品・住宅・家電・自動車・医療機器・日用品・アパレル
インフラ	ガス・電力・水道・エネルギー・鉄道・航空・海運・その他物流
サービス	デパート・量販店・専門店・スーパー・コンビニ・外食・アミューズメント・美容
金　融	銀行・信用組合・信用金庫・証券・リース・生命保険・損害保険・信販
マスコミ	新聞・出版・テレビ・映像・広告・芸能・ネット関連・情報サービス
その他	教育・官公庁・ソフトウェア・農林水産・商社・人材サービス・シンクタンク・冠婚葬祭

興味がある	
興味がない	
どちらともいえない	
知らない	

第７章と第８章のワークを参考に！
とくに、自分の好きな商品、サービス、技術を思いだそう。

2 職業と能力

これからワークという形で職業と関わり、自分の能力をさらに理解していきます。

ワーク

能力について考える

Q.1 下記の「職」について、「できる・できそう」「できない・できなさそう」「どちらともいえない」「知らない」の4つに振り分けてください。

商品・サービス・技術を創造するポジション	研究開発・技術開発・商品企画・製造・品質管理・設計・デザイナー
商品・サービス・技術を提供するポジション	営業・販売・広報・客室乗務員・美容部員・店長・バイヤー
企業内・社員を管理するポジション	総務・人事・経理・財務・受付・秘書

できる・できそう	
できない・できなさそう	
どちらともいえない	
知らない	

自分の得意・できることを思いだそう。

3 職業と価値観

これからワークという形で職業と関わり、自分の価値観をさらに理解していきます。

ワーク

価値観について考える

Q.1 あなたは下記の企業の中で、どの企業がよいと思いますか。選択して、その理由を記入してください。

	A社	B社	C社	D社
会社の業績	急激な上むき	上がらず下がらず	業界ベスト3	やや下降気味
給料	上の上	上の下	中の上	中の中
同僚との関係	全員が顔見知りプライベートも仲がよい	交流がなくほとんど口をきかない日も	部署も多く社員もたくさんいて気の合う人が見つけやすい	週1回のミーティング以外は全員が顔を合わせることはほとんどない
自由時間	残業が毎日	土日はきちんと休める	時々休日出勤がある	週に数回残業がある
通勤距離	サテライトオフィスも多く家の近くでの勤務も可能	都心にあるため通勤ラッシュが激しい	支店が多い転勤も頻発	在宅勤務を積極的に採用
仕事の裁量	上司の命令には逆らえない	比較的任されることが多い	プロジェクトに参加したらリーダーの裁量は大きい	自分で調整しやすい（自分で決定してスケジュールを立てられる）
出世の見込み	リーダーシップを発揮したら出世の可能性は大きい	出世に興味のない人が多い	競争が激しくなかなか出世できない	会社の中に階層が少ない

Q.2 あなたは、どのような人と一緒に働きたいですか。

具体的な行動例	
1 ☐ ルールを守る人	19 ☐ 細かいことを気にしない人
2 ☐ 元気で丈夫な人	20 ☐ 目標を無理なく立てられる人
3 ☐ 人の意見を受け入れられる人	21 ☐ 自分からすすんで行動する人
4 ☐ 自分で決断できる人	22 ☐ 途中でやりっぱなしにする人
5 ☐ 自分の考えを曲げない人	23 ☐ 返事やあいさつがはきはきしている人
6 ☐ 皆と協力できる人	24 ☐ 人に従ってばかりの人
7 ☐ 人にわかるように話せる人	25 ☐ 最後までやり遂げる人
8 ☐ 皆と合わせることができる人	26 ☐ わからないことを見逃さない人
9 ☐ 礼儀正しい人	27 ☐ おとなしい人
10 ☐ 経験が豊富な人	28 ☐ 考え方がユニークな人
11 ☐ その場に応じて優先順位がつけられる人	29 ☐ 計画的に行動する人
12 ☐ 行き当たりばったりで行動する人	30 ☐ 嘘をつかない人
13 ☐ お願いがきちんとできる人	31 ☐ いろいろなことを知っている人
14 ☐ 時間に正確な人	32 ☐ いつまでも決められない人
15 ☐ 自由で気ままな人	33 ☐ 人の考えを理解しようとする人
16 ☐ なれなれしい人	34 ☐ 公平に判断できる人
17 ☐ 自分のことしか考えない人	35 ☐ その他（　　　　　　　　　）
18 ☐ 頼りがいがある人	

4 職業と内的キャリア

一連のワークを通じて、理解した自分の内的キャリアについて整理します。

ワーク

内的キャリアを整理する

Q.1 理解した内的キャリアを記入してください。

興味	好き	
	嫌い 知らない	
能力	できる	
	できない 知らない	
価値観	大切・大事 である	
	大切・大事 とは思わない	

ここでは、嫌い・知らない、できない・知らない、大切・大事など、自分の思いに注目してみよう。

ポイント

自分の内的キャリアを理解するには……
①職業と関わり評価をしていく。
②自分の好き、できる、大切などを知る。

3 インターンシップ

1 インターンシップについて

大学生の職業についての関わり方として「インターンシップ」があります。「インターンシップ」とは、大学生が一定期間企業で働き職業体験をすることであり、その目的は、学生の「職業に就き、働くこと」に対する考えや思いと、現実の「職業に就き、働くこと」とのギャップを少なくすることにあります。

インターンシップは、「読む」「聞く」「見る」以上に、実際に「体験」をすることで、職業とより深い関わりをもつことができます。自分についても、興味（好き・嫌い）、能力（できる・できない）・価値観（大切・大事か否か）といった自分の「内的キャリア」を、実感することができるよい機会です。

図表 9-3　「働くこと」に対するギャップを少なくする

学　生	企業人
都合よくバーチャル化	自身の都合に関係ない現実の仕事
就職をして企業（組織）の一員として働いた経験がほぼない。よって働くことを机上または頭の中で「知識・理屈」として理解・イメージしている。	実際の組織において職務経験を積み重ねている。身をもって「働く」ことを理解している。

ポイント

インターンシップは……
① 実際に「体験」し、職業との関わりをもつ。
② 現実の職業へのギャップを少なくする。

4　まとめ

1　内的キャリアというフィルター

職業だけではなく、人が何かものごとに取り組むときに、必ずそのものごとを「評価」しています。そして、その評価は内的キャリアをフィルターにしているので、自分を知るよい機会であることを忘れないでください。

2　職業選択と内的キャリア

内的キャリアは、職業を選択するための「基準」であると思われがちですが、それは誤解です。なぜなら、内的キャリアは、環境＝社会や時間をとおして、外的キャリアを積み重ねて、形成してきた現在の自分でしかなく、そこには、これからの自分という視点が欠如しているからです。将来の環境＝社会や時間を通じて外的キャリアを積み重ね形成していく内的キャリア（自分の成長）への可能性を考慮していない可能性があるからです。

今、興味のないもの、自分に能力がないもの、価値観の大切・大事ではないものは、これから外的キャリアを積み重ねつつ成長していくための課題になるかもしれないのです。

第10章 「私」というキャラクター

この章で学ぶこと
時間や環境＝社会を通じ、職業に関わることによって、自分を理解してきました。ここでは理解した自分について改めて整理し、まとめることで、「私」というキャラクターをより明確にしながら、自分らしさとは何かを考えていきましょう。

1 理解した「私」を整理する

❶「私」を整理する
第7章から第9章のワークをとおして、自分自身が理解した「内的キャリア、興味・能力・価値観」を整理し、まとめる作業をすることで、自分について自覚していきましょう。

ワーク

「内的キャリア」を整理する

Q.1　ここでは自分の「内的キャリア」をまとめていきます。下記の興味・能力・価値観の語群の中から、自分に該当する言葉を記入してください。

● 興味に関する語群

私の関心がある事柄	
政治	日本の政治
国際情勢	国際社会
雇用・社会保障	雇用や社会保障制度
トレンド	ファッション・映画・観光・アニメ・音楽・ゲームなどの流行
暮らし	生活に関わる全般、インフラ・家電・住居・家事
事件・事故	日本で起きている事件・事故・災害
スポーツ・芸能	スポーツや芸能
経済	日本の経済動向や企業

興味の語群から具体的に関心のある事柄を記入してみよう。

第10章 「私」というキャラクター

第2部 自分を知るとは

● 能力に関する語群

私が得意・できること	
人との約束は守る	書物を読み、理解する
時間を厳守する	文章を書く
朝、決まった時間に1人で起きる	情報をうまく収集・分析する
規則正しい生活をしている	計算をしたり、データを処理する
家事全般ができる	陳列・整理する
家計簿をつける	文系の知識をものごとに生かす
貯金をする	理系の知識をものごとに生かす
あいさつ・返事をする	母国語以外の言語ができる
社会人としてのマナーを守る	異なる文化圏の人とやり取りをする
ビジネスマナーを理解している	人に指示したり、教える
人の話を遮らずに聞く	人を説得したり、交渉する
わからないことは質問する	接客したり、販売する
人と雑談・世間話をする	他人と対立する問題を解決する
自分の意見を伝える	サークル・部活などの幹事をする
人に親切にする	学祭などの催しを企画・立案する
できないことは断る	集客のためのポスター・パンフレットを作成する
苦手な人と協力しあえる	PCソフト・アプリを使いこなす
人に相談する	機械の操作をする
自分の悪いところに気づき直す	機械・部品のメンテナンスや修理をする
自分のよいところを伸ばせる	作業に必要な道具などをうまく選択する
新しい環境に馴染める	ものごとの段取り・調整をする
ものごとの優先順位をつける	手先が器用
わからないことを習得する	体力がある
その他(	)

能力の語群から、自分が得意・できることのベスト5を記入しよう。

● 価値観に関する語群

私にとって大切・大事であること	
No.1であること	オンリーワンであること
自律・能動性	創造・開発
美しさ	パワフル
かっこよさ	多様であること
自由	規律
心の豊かさ	物質的な豊かさ
評価・認められること	地位・名誉
助け合うこと	協力すること
影響力	貢献すること
安心・安全	リスク・冒険
ともに生きること	1人で生きること
質実剛健	お金・もの
家族・友人・地元	社会・グローバル
成長・向上	継続・維持
愛・友情	現状維持・安定
その他(	)

価値観の語群から自分が大切・大事であるベスト3を記入しよう。

2 「内的キャリア」を理解している尺度

　自分が、自分自身の「内的キャリア」をどの程度まで理解しているかを測る尺度は、他者への自己紹介の分量です。文章であれば文字数、話すのであれば時間数です。つまり、自分を理解していればしているほど、文字数や時間数は多くなります。

ワーク

自己紹介をする

Q.1　あなたは自己紹介を何分程度できますか。実際にペアになって自己紹介をしてみましょう。

何分間、自己紹介できましたか。

3 「私」を理解するとは

　「私」を理解するとは、図表10-1が示しているように、自分について「自覚している領域」を広げることです。
　これは同時に自分を認め、「自己を肯定」することであり、自分の成長実感や、自信につながります。

図表 10-1　「自覚している領域」を広げる

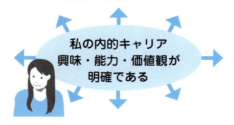

ポイント

「私」を理解するということは……
①自分について自覚している領域を広げることができる。
②成長や自信につながる。

2 「私」というキャラクターを知る

1 キャラクターとは何か

　キャラクターという言葉は、小説、映画、テレビドラマ、舞台、アニメ、漫画に登場する人物像を表現する際によく用いられ、登場人物の「特性・持ち味＝その人物らしさ」を意味しています。

　そこで、この項目では、「私」の特性・持ち味＝私らしさとは何かを知るために、「私」というキャラクターを造形していきます。

2 キャラクターの「らしさ」を感じるとき

　読者や視聴者が、小説や映画・アニメなどで登場人物のキャラクターを最も感じるのは、何かしらの出来事があり、その出来事にむかってアクション＝行動を起こすときではないでしょうか。

　たとえば、スポーツ漫画であれば、主人公のスポーツへの取り組み方、ヒーローアニメであればヒーローの敵への立ちむかい方、そして、ラブストーリーであれば、カップルのお互いに対するむき合い方や接し方に、登場人物のキャラクターが表出します。これに対して、読者や視聴者は「この主人公、本当に単純明快なキャラクターだ」とか、「この彼氏は、複雑なキャラクターだから彼女は不幸になるな」など、登場人物のアクション＝行動を起こす様から「その登場人物らしさ」を感じています。

● ワーク

キャラクターについて考える

Q.1　右記の事象について、4人のアルバイトがとった行動は、次のようなものでした。4人はどんな性格の人物でしょうか。

　ある家電量販店のバーゲンセールの最終日。店長が4人のアルバイトにあるメーカーのデジカメの店頭販売で、一番売上の高い人に特別ボーナスをだすと告げました。

アルバイトAのアクション
店頭販売のコーナーを通るお客様に自ら話しかけ、とにかく強引にでもデジカメを売ろうとした。

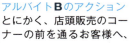
アルバイトBのアクション
とにかく、店頭販売のコーナーの前を通るお客様へ、無視されても諦めずに、黙々とチラシを配り続けることに専念しようとした。

アルバイトCのアクション
まず、じっくりとデジカメのパンフレットの説明書を読み理解した。そして、店頭販売のコーナーに近づき、デジカメを手に取るお客様だけに商品説明をするようにした。

アルバイトDのアクション
人と競争したくないとボーナスに関心を示さず、いつも通りの仕事をするように心がけた。

それぞれのアクションから考えて、彼らのキャラクターを考えよう。右の語群を参考にしながら記入してみよう。

アルバイト A	
アルバイト B	
アルバイト C	
アルバイト D	

人の特性・持ち味			
謙虚	誠実	探求心	素直
明朗	社交的	大胆	勤勉
独創的	やさしい	物怖じしない	視野が広い
慎重	話しをよく聞く	礼儀正しい	忍耐強い
感受性豊か	面倒見がよい	人付き合いがよい	人に好かれる
一生懸命	精力的	熱心	献身的
挑戦的	ユーモアがある	飲み込みが早い	雄弁
創造的	粘り強い	好奇心旺盛	勝負強い
勘が鋭い	まじめ	深慮遠謀	革新的
はっきりいう	完全主義	分析的	質素
才気煥発	偏見がない	柔和	安定感がある
行動力がある	気長	打たれ強い	趣味が広い
猪突猛進	気が利く	繊細	押しが強い
柔軟	穏やか	冷静	堅実
こまめ	几帳面	計画的	理性的
教養が高い	徹底的	温かみがある	愛想がいい
積極的	感情的	タフ	その他
向上心	責任感	楽観的	

Q.2 あなたが家電量販店のアルバイトなら、どのようなアクションを起こしますか。

Q.3 Q.2のあなたのアクションから考えて、あなたはどのようなキャラクターですか。

3 私らしさ・自分らしさとは何か

　人が「私らしさ・自分らしさ」を感じるのは、自分がやりたいこと、望んでいること、つまり「want」のときや、自分ができる「can」のときであり、逆に自分の意思と関係なく、やらなければいけない「must」のときは、「私らしさ・自分らしさ」を押し殺していると思われがちです。果たしてそうでしょうか。

　実は、本来の「私らしさ・自分らしさ」は、小説や映画・アニメなどの登場人物と同じように、その人の何かしらのアクション（行動）に、「その人らしさ」が表出しています。なぜなら、人は「want」「can」「must」に関わらず、アクション（行動）を起こす際に、必ず自分の「内的キャリア」を発揮し生かそうとします。それこそが、「私らしさ・自分らしさ」のことです。

　「私らしさ・自分らしさ」は、決して失われたり奪われたりするものではなく、人は必ず行動しているときに生かしていたり、あるいはその経験からさらに「私らしさ・自分らしさ」を形成しています。

　人が「がんばる」とは、何かの目標にむかって行動しているときであり、私らしさ・自分らしさが色濃く表出しています。だから、目標を達成すると充実感をもち、失敗すると悔しさや挫折感を味わうのです。

　このように記すと「がんばる」は、「want」「can」ばかりのように思うかもしれませんが、実は「must」から始まることに自分を生かそうとするため、「want」「can」に気づくことが多いといえます。つまり、「must」にむき合うときに、自分というキャラクターを自然と発揮しようとする、それが「がんばる」ことになります。

● ワーク

「私らしさ」を考える

Q.1　今まで自分が経験、体験した事柄で、自分で「がんばってきた」と感じている事柄を書きだし、「私」というキャラクターを理解しましょう。

「高校の部活で後輩の面倒をみた」「チームワークをよくするために、常に話し合っていた」など、がんばったと感じることを記入してみよう。

Q.2　Q.1 の中で、とくに「がんばってきた」ことを選択してください。

[　　　　　　　　　　　　　　　　　]

Q.3　Q.2 において、具体的に何をしていたのですか。

[　　　　　　　　　　　　　　　　　]

Q.4　Q.2 において、自分のどんな部分を生かしていましたか。

[　　　　　　　　　　　　　　　　　]

Q.5　Q.2 において、新たに自分のどんなところを理解しましたか。

[　　　　　　　　　　　　　　　　　]

Q.6　自分が「がんばった」ことについて、振り返ってきましたが、これらはすべて「want」でしたか、それとも「can」「must」は含まれていましたか。

[　　　　　　　　　　　　　　　　　]

☞ ポイント

私らしさとは……
①個人のもっている特性や持ち味のこと。
②アクション＝行動を起こす際に現れるもの。

3 まとめ

ワーク

まとめとして「私」というキャラクターを考える

Q.1 「私」というキャラクターについて、まとめてみましょう。これは自己紹介ではなく、少し自分を客観的に見て記入してください。

得意なこと、大切なことなどの自分の持ち味や、長所・短所、できること、苦手なこと、大切にしたいと思ったことなどを記入してみよう。
客観的とは、自分という一人称ではなく、ファーストネームや、彼は、彼女とはという三人称で記入することだよ。

自分理解を深めるために〈第2部のまとめ〉

　第2部「自分を知るとは」(第6章～第10章)では、「外的キャリア・内的キャリア」をキーワードとして、「自分理解」を共通のテーマに学んできました。自分理解の重要性を知り、自分理解を深めることができたでしょうか。重要なポイントを復習してから、第3部にすすみましょう。

●第6章　なぜ、自分を知るのか
　自分を理解することは、将来の見通しにつながり、行動する勇気がわいてきて自信をもつことができます。また、自分の特徴を知ることで、可能性や選択肢を広げることにもなります。自分とむき合って、プラス面・マイナス面を含めたありのままの自分を知ることから始めましょう。

●第7章　時間をとおして自分を知る
　将来のことを考えるヒントは、これまでの自分の中に埋め込まれています。自分の経験や学習をとおして「外的キャリア」を整理し、興味や能力、価値観に気づいて「内的キャリア」を理解しましょう。自分の内面を理解して、これまでの成長を実感し、「自己を肯定」することが大切です。

●第8章　環境をとおして自分を知る
　私たちは、自分を取り巻く環境と自分がもつ特徴との相互作用によって、成長していきます。人のキャリアに影響を与える環境を知ることは、自分を知ることにもつながります。社会の中で自分らしく生きていくためにも、自分と環境との関わりをとおして、自分理解を深めていきましょう。

●第9章　職業との関わりから自分を知る
　職業に関する「好き」「嫌い」を表明することは、自分の「内的キャリア」を基準として職業を評価することであり、自分を知ることにもつながります。興味だけでなく能力や価値観など多面的に評価するには、職業との関わりをもつインターンシップなどの体験学習が役立つといえます。

●第10章　「私」というキャラクター
　この章では、さまざまな観点から自分について理解を深めてきた結果を確認しました。あなた自身の理解は深まりましたか。自分のキャラクターを知ることは大切ですが、決めつける必要はありません。人間は常に成長・発達していく存在であることを忘れないようにしましょう。

第2部で学んだこと、気づいたことは、「自分を知る」ことそのものです。それを就職活動や職業人としての生活に生かすために、下のワークをとおして、皆さん自身でも、振り返りをしましょう。

ワーク

自分理解の促進にむけて

Q.1　第2部であなたが学んだこと、気づいたことは、どのようなことでしょうか。また、あなたが自分にとっての課題であると感じたのは、どのようなことですか。自由に書いてみましょう。

（1）学んだこと、気づいたこと

（2）自分にとっての課題

Q.2　自分にとっての課題について、今からできることは何でしょうか。実際にできることで、あなたが取り組んでみようと思ったことを書いてみましょう。

MEMO

第3部

将来を考えるとは

第1部では「働く」ということについて学び、第2部では「自分」についての理解を深めてきました。第3部では、自分の将来の方向性、「ワーク」と「ライフ」のバランスについて考え、いよいよ自分のキャリアプランのつくり方を学んでいきます。現在の学生生活を起点にして、将来のキャリアプランを思い描いていきましょう。

第11章
なぜ、将来を考えるのか

この章で学ぶこと
自分らしく人生を歩んでいくには、これからの方向性やその道筋の歩き方を自分自身で決める必要があります。そして、そのための第一歩が、自分の「将来」を考えることであることを理解していきましょう。

1　人生とは何か：時間

1　人生の時間をとらえる

自分の人生を考えるうえで、まずは時間軸でとらえてみることは大切です。それは、自分が生きてきた時間とこれから生きる時間を確認することです。

ワーク

時間軸で「私」をとらえる

Q.1　下の表に、西暦と年齢を記入し、「生きてきた時間」の欄をこれまでに生きた分だけ塗りつぶしてください。そして、自分の生きたい年齢と西暦を記入してください。

西暦	年齢	生きてきた時間
	0	
	10	
	20	
	30	
	40	
	50	
	60	
	70	
	80	
	90	
	100	

Q.2 生きてきた時間の余白（これから生きる時間）について、どのような感想をもちましたか。

Q.3 あなたは、自分の人生の時間について、どれぐらい先の時間までイメージできますか。

これから生きる時間はどれぐらいかな。

何年先までイメージできるかな。

2 昨日、今日、明日

人は遠い将来について、ぼんやりとした「○○だったらなあ」とは思えても、明確な「○○をしている」イメージは描きにくいものです。

しかし、ごく近い将来についてなら明確なイメージが描けるのではないでしょうか。

ワーク

昨日について考える

Q.1 昨日あなたは、今日1日をどのように過ごそうと考えていましたか。

今日について考える

Q.2 あなたは、昨日イメージした通りに今日を過ごしていますか。

Q.3 今日のあなたは「楽しく」過ごせていますか。

イメージしたことがあれば記入してみよう。

具体的にイメージがなかった人も、今日が「楽しい」かを考え、記入しよう。

明日について考える

Q.4 あなたが明日を楽しく過ごすために、何をしたいかをできるだけ具体的に記入してください。

「友人とおいしいものを食べる」「ゲームの困難だったステージを攻略する」「試験でよい成績をとる」など、自由に発想して記入してください。

「友人とLINEなどで連絡をとり合う」「店を検索する」「試験勉強をする」など、自由に記入してみよう。

Q.5 Q.4のように過ごすために、あなたは今日をどのように過ごしますか。

Q.6 Q.5のように、今日を過ごしているあなたを表現すると、次の語群の中のどれに当てはまりますか。

いらいら	むかむか	うんざり	うっとり	どきどき
わくわく	はらはら	ぞくぞく	ほっと	すっきり
がっかり	うきうき	いそいそ	そわそわ	おどおど
びくびく	おろおろ	まごまご	あたふた	くよくよ
もじもじ	しょんぼり	ぼんやり	にこにこ	いきいき
だらだら	ぐずぐず	うろうろ	よろよろ	うとうと
ふらふら	くたくた			

Q.7 Q.6までのようなあなたは、明日に対して「ポジティブ」それとも、「ネガティブ」ですか。

3 どのような人生にしたいのか

「どのような人生にしたいか」と誰かに尋ねられたら、ほとんどの人が、満足や充実を実感できる人生を過ごしたいと答え、そのために「ポジティブ」に人生の時間をつむいでいきたいと考えるのではないでしょうか。

では、そのような人生にするために必要なものとは何でしょうか。きっとそれは、自分自身が「楽しい・うれしい」などを感じることのできる、人生の先の時間への「希望」なのではないでしょうか。そしてその「希望」にむかって人生の時間をつむいでいく自分に対して「ポジティブさ」を実感していくのではないでしょうか。

人の人生は、誰でも、昨日、今日から明日にむかっており、自分の人生の時間をつむいでいきます。これからの5年後、10年後の人生に、自分らしい「希望」を描き、そこにむかって自分の人生の時間を「ポジティブ」につむいでいけることを理解してください。

ワーク

「ポジティブさ」について考える

Q.1 あなたは、これからの人生に対して、満足感や充実感を得たいですか。

ポイント

人生の時間をよりよく過ごすには……
① 未来にむけて自分らしい「希望」を思い描くこと。
② 「希望」にむけて、人生をすすむこと。

2 人生とは何か : 環境

❶ 人生における転機

自分の人生を考えるうえで、次に自分を取り巻く環境を考える必要があります。環境は必ず人の意思に関係なく、やらなければいけない「must」を要求してきます。それは同時にその人自身の変化を要求することにもなります。

> **環境が人へ要求する変化**
>
> 住む場所の変化・自分の時間の使い方の変化・自分自身の能力の変化・関わる人たちの属性の変化・関わる人たちの数の増減・人との関係性の質の変化など

これらの変化は、「人生の転機」と呼ばれ、転機は分け隔てなくすべての人に訪れます。

> 転機とは、自分の環境などを切り替えていくきっかけ。
> 人生の変わり目・節目

そして、学生にとっては近い将来、人生の時間に訪れる就職が転機といえます。この転機は、ただ、就職先を決めるだけではなく、学生から社会人、職業人への役割変化をするためにやらなければいけない「must」が要求されます。

図表 11-1　社会人、職業人へと役割変化をする

学生　→　役割変化　→　社会人 職業人

「住む場所が変わる」「関わる人の属性が変わる」など、思いつくまま記入してみよう。

ワーク

就職という転機について考える

Q.1　あなたが就職した場合、どのような境遇の変化があると予測しますか。思いつくことを書きだしてみましょう。

Q.2　あなたが就職すると、下記のようなやらなければいけない「must」が要求されます。今のあなたから考えて、すぐにできることばかりですか。できると思う項目にチェックをつけていきましょう。

- □ あいさつ・返事はもちろんのこと、職業人としてのマナー・身だしなみを整える。
- □ 上司・先輩・同僚や取引先・顧客の名前を覚える。
- □ 上司・先輩・同僚や取引先・顧客とよい人間関係を築く。
- □ 会社の一員として電話をとる、あるいはかける。
- □ 遅刻することなく出勤を続ける。また、始業10分前には出社する。
- □ 指示にはメモをとり、確認と質問をする。
- □ ものごとに優先順位をつける。また、不測の事態に備えて常日頃から行動する。

誰にも教えられなくても、自分がすぐにできることだけにチェックをつけよう。

Q.3 就職という転機について、今の正直な気持ちを書いてみましょう。

2 転機にむき合う

転機にむき合うには、自分の内的キャリアを活用することが重要です。さらには、第8章「環境をとおして自分を知る」で記したように、自分の内的キャリアの形成にもつながります。しかし、その一方で転機に対して、自分らしい人生への弊害だと考え、転機に対してむき合うことを「ネガティブ」な人生だと感じる人がいます。

図表 11-2 転機への不適応

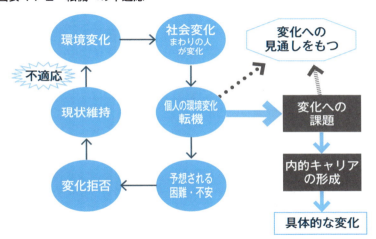

あるいは図表 11-2 のように、変化しなければいけないこと、やらなければいけない「must」といった課題に対して、困難や不安を感じ、「もうできない」「私には無理」と投げ出す人もいます。

このような人たちは、転機への対応を拒否するようになります。これを「転機への不適応」といいます。そして、転機への不適応は誰にでも起きる可能性があります。

> 就職をしても3年以内に早期離職する人たちは、「転機への不適応」状態から辞めてしまうことが多いのかもしれないですね。

ワーク

転機へのむき合い方を考える

Q.1 今までのあなたから考えて、あなたはこれからの転機にむき合う自信がありますか。

3 転機への不適応を起こさないためには

転機への不適応を起こさないためには、転機にむき合うことに対する自分にとっての「意味」が大切になります。アメリカの心理学者・教育学者であるクランボルツは、次の言葉を述べています。

> 偶然の出来事は人のキャリアに大きな影響をおよぼす。その予期せぬ出来事をキャリアの機会ととらえ続けることができたとき、その人に望ましいキャリアを得ることができる。

自分が「楽しい・うれしい」と感じる、先の自分らしい人生（望ましいキャリア）を得るためには、転機（偶然の出来事）に対して、むき合うことが大切です。「偶然を味方につける」ことで予期せぬ出来事も内的キャリアの形成や成長につながります。また、内的キャリアの形成や成長は、自分らしい人生を得るために必要なことです。

まず5年先、10年先の人生の時間において、どのような自分らしい人生を描くか、つまり、希望を描くことが大切です。そのうえで、希望は転機へむき合う動機づけ（モチベーション）になることを理解する必要があります。そして、その希望に近づくために転機にむき合い、内的キャリアを形成していく過程は、自分の人生の時間をつくっていくことになるのではないでしょうか。

自分の人生において、取り巻く環境は、数多くのやらなければならない「must」を要求してきます。そして、要求に対応することで、自分の内的キャリアが形成され、向上していくのは自分にとってプラスです。しかし、いくら内的キャリアを形成しても、何のために形成しているのかが見えないと、徒労感を抱いてしまうのではないでしょうか。そのためにも、自分らしい人生（希望）へむかって内的キャリアを生かし、自分の人生の時間に満足、充実を実感し、ポジティブにすすんでいくことが大切です。

> **ポイント**
> 人生における転機にむき合うには……
> ①自分の内的キャリアを活用する。
> ②希望を描き、内的キャリアを形成していく。

> **用語**
> **偶然を味方につける**
> アメリカの心理学者・教育学者であるJ.D.クランボルツは、「キャリアの8割は偶発的な出来事によって決定される」とし、その偶然を計画的に設計し、味方につけることによって自分のキャリアをよりよいものにしていくという「Happenstance Learning Theory」を提唱した。

3 まとめ

1 将来を考えるとは、自分の人生に希望をつくること

将来を考えるとは、自分らしい人生を過ごすために自分にとっての希望をつくることではないでしょうか。

たとえば、明日自分にとって「楽しい・うれしい」ことがある、あ

るいは待っているとしたら、今日１日をわくわくして、明日の準備をするのではないでしょうか。たとえ、その準備が自分にとって嫌なこと、苦手なことだとしても「よしがんばろう」と気合を入れてやることができると思います。

そして、準備をやり終えたら、「よくやった」と自分を褒めることができ、満足や充実を感じます。そして、「楽しい・うれしい」ことがある当日はそれを思いきり味わって過ごすのではないでしょうか。

長い時間をかけて歩む人生も、それとまったく同じです。自分にとっての希望となり得る将来を考えることが非常に重要になります。

2 キャリアデザイン

将来を考えるとは、第一に自分らしい人生を考え、思い描くことです。これを「キャリアデザイン」と呼びます。次に、自分の思い描いた人生を実現するための準備として、何が必要で、どのような課題があるかを洗いだします。そして、それにむかって経験・体験・学習していきながら、自分の内的キャリアを形成し、向上させていくこと、これを「キャリア開発」といいます。そして、キャリアデザインのために必要なキャリア開発をするために、自分が何を選択し、どのような外的キャリアを経ていくのかを考える道筋を作成していくこと、これを「キャリアプラン」といいます。

自分の将来を考えるとは、自分の人生の地図を作成していくことであるといえるでしょう。

図表 11-3　自分の将来の姿を想像する

始まりから眺める将来の私とは

そして、その地図をもとにして一歩ずつすすんでいくことが、人生の時間を「ポジティブ」にすすんでいくことであり、自分という積み木を積み上げていくことになります。

図表 11-4　キャリアデザインの道のり

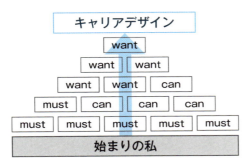

第12章
私のワークとライフを考える

> **この章で学ぶこと**
> 第12・13章にわたり、自分の将来について、ワークを通じて考えていきます。将来の人生に対しての「希望」となり、人生の時間をポジティブに送り続けることのできる「キャリアデザイン」を描いていきましょう。

1 ワークとライフを考える

1 ワークとライフ

多くの人は学生である時間を終えると、人生の時間をワークとライフという2つの生活に費やすことになります。

ワーク＝職業人（働く人）としての生活
ライフ＝個人（プライベート）としての生活

よく社会人や大人から、「自立しなさい」「自活しなさい」といわれたり、耳にしたことがあるかもしれません。このワークとライフという2つの生活は、この「自立」「自活」といったことと、非常に密接に結びついています。

ワークを通じてライフを成立させている
ライフがあるからこそワークをする

ワークとライフは、自分の人生にとっての両輪です。どちらか片方だけで「よい」というわけにはいかないものです。

2 ワークについて

本書では、「就職」を前提として、企業で働く職業人としてのワークについて考えています。そこで、まず理解しなければいけないこと

ワークとライフは両方とも大切ですね。

が、正社員とアルバイトの違いです。

ワーク

正社員とアルバイトの違いを考える

Q.1 あなたが考える正社員とアルバイトの違いを記入してみましょう。

正社員とアルバイトの違いについては、さまざまな考えがあると思います。上記の問いでいえるのは、アルバイトには、多くの学生がいますが、正社員の学生はきわめて少ないということです。これは雇用する側の企業にとっては、何を意味するのでしょうか。

ワーク

企業における正社員とアルバイトの違いを考える

Q.1 企業における正社員とアルバイトの違いについて、記入してみましょう。

正社員の中には、夜間大学などに通って、学びながら働いているケースもあります。

　企業にとっては、アルバイトと正社員は「労働力」としては同じかもしれませんが、その本質がまるで違います。
　図表12-1が示すように、企業はアルバイトに特別な期待をすることはありませんが、正社員には常に期待をし、正社員としての成長、つまり、変化を求めています。そのため、企業は正社員を「人材」と呼び、企業にとって重要であるという認識をしています。このことは、正社員として働く自分と考えると、能力、スキルなどが成長（向上）していくことを意味しているといえます。

図表12-1　正社員とアルバイトの違い

正社員としての働き方	アルバイトの働き方
経験を積み重ねることにより業務・職務領域を広げていくことを期待されている。	ある特定の作業のみをする。よって、取り替えが可能な存在。

企業によっては「人材」を「人財」と記しているところもあります。つまり、人は宝であるということですね。

図表 12-2 　人材のワークステージの変化

年齢・職務経験	人材としての位置づけ	企業の人材としての期待
〜25歳程度 職務経験3年未満	新人	仕事を覚える。 できる仕事の領域を増やす。
25〜30歳前後 職務経験3〜8年程度	若手 職位　OJTリーダー 　　　主任クラス	任されている仕事に責任をもつ。 新人の手本となり指導する。
30〜40歳前後 職務経験8〜15年程度	中堅 管理職の始まり 職位　係長〜課長	部や課の中心的存在となり、部や課を動かしていく。現場のリーダー・キャプテン的な役割を担う。
40〜50歳前後 職務経験15〜25年程度	ベテラン 管理職としての定着 職位　課長〜部長	経営的視点をもち、企業全体のことを考え、企業を動かしていく。部や課に対して責任を負う役割を担う。部下に対する的確な指導とサポートを行う。
50歳〜 職務経験25年以上	経営者 職位　取締役以上	社会全体のことを考える視野をもち、企業そのものを動かしていく。社会と企業の社員に対して責任を負う役割を担う。

人材としてのワークステージ・企業からの期待 →

　人材のワークステージは、やらなければいけない職務「must」から、やってみたい職務「want」へと領域が広がります。また、職務経験を通じて自分の能力（できること）「can」が増大する、つまり、向上していくことを示しているといえます（図表12-2、12-3）。

図表 12-3 　職務経験と能力の向上

職務に必要なこと	職務との関連性	成長・変化のしかた
社会性	組織における協働関係の形成 取引先との関係性形成	関係性の質を変容させる
考え方・意識	職務に対する役割意識 職務に対する取り組み姿勢	意識・考え方を深化させる
視野・観点	職務に対する気づき 職務に対するアプローチ	視野・観点を拡大させる
技能・特性	職務に対する完成度	技能・特性を向上させる

能力 [can]

3　ライフについて

　ライフは、ここでは個人（プライベート）としての生活のことを指します。ライフを考えるときに、重要なのはライフイベントと呼ばれるものです。ライフイベントとは、年齢を重ねることにより自分に起きる出来事のことを示しています。

> **年齢によって起きるライフイベント**
> 入学や進学・就職や転職・冠婚葬祭など
> **突発的に起こるライフイベント**
> 事故によるケガや病気による入院・失業・離婚など

　さらに、自分以外の家族の変化によって起きるライフイベントもあります。

> **家族の変化によって起きるライフイベント**
> 介護・家業を継ぐ・子どもの独立など

　そして、ライフイベントにより、個人としての生活に変化が起きます。

ライフイベントが起こると、さまざまな変化があります。たとえば地元を離れる、新しい友人ができるなど。また、一人暮らしをすると家事の量が増えるなどがあります。

第3部 将来を考えるとは

> **ライフイベントによる変化**
> 住む場所の変化（転居）・関わる人たちの数の変化
> 人との関係性の変化・家事の量や時間の増減
> 趣味や余暇の時間の増減　など

また、ライフイベントは予測していても、出来事が起きないこともあります。これをノンイベントと呼び、これも個人としての生活に変化をもたらします。

ワーク

ライフイベントを予測する

Q.1　下記の表に、これから自分に起きるライフイベントを記入してみましょう。

年数	経過年数	0	1	2	3	4	5	6	7	8	9	10
	西暦											
家族（または周囲の人）の年齢とイベント	私　の年齢											
	イベント											
	の年齢											
	イベント											
	の年齢											
	イベント											
	の年齢											
	イベント											
	の年齢											
	イベント											

Q.2　近々、あなたに起きる予測される就職というライフイベントによって、個人としての生活に、どのような変化があると考えますか。

第12章　私のワークとライフを考える

> **ポイント**
> ワークとライフとは……
> ①職業人生活と個人生活のこと。
> ②欠かすことのできない人生の両輪。

2 私という人間像

1 私がつくる私のワークとライフ

ワークとライフは、誰かが提供してくれるものでも、与えてくれるものでもありません。私という人間が自分の力でつくり上げるものです。これこそが、よくいわれる「自立」なのです。

図表 12-4　相互に関係し合う職業人生活と個人生活

これもまた、「卵が先かにわとりが先か」といった話ですが、それだけ職業人としての生活と、個人生活は相互に関係しあっているといえます。

「自立」とは、私という人間が職業人としての生活の中で「人材のワークステージ」を上がっていくことで、自分の能力が向上していき、個人としての生活に起きるライフイベントにうまく対応できるということです。

あるいは私という人間が、個人としての生活の中でライフイベントに対応する中で形成された内的キャリアを、職業人生活にも生かしていることともいえます。

2 自立をするうえで必要なもの

個人としての生活において、まず「生計を立てる」という言葉が示すように「経済=お金」が必要になります。そして、突発的に起こるかもしれないライフイベント（病気やケガ）に対する保障も必要となります。確かにこの2つは企業に就職すると提供されるかもしれません。しかし、本当にそれだけで自立といえるのでしょうか。

安定した暮らしというのは、お金と保障が提供され続けることと考えがちですね。

ワーク

バーチャルキャリア①
Q.1 もしあなたの子どもに、友人関係の悩みについて相談された場合、どのように返答しますか。

バーチャルキャリア②
Q.2 もしあなたのパートナーに、仕事のミス（顧客に損失を与えてしまう）で相談されたとき、あなたはどう返答しますか。

バーチャルキャリア③
Q.3 もしあなたが、チームワークがバラバラでやる気のない少年サッカーチームの監督を引き受けた場合、まず何から指導しますか。

バーチャルキャリア④
Q.4 将来あなたの子どもが独立し、定年後の夫婦の生活において経済的に何の心配もないとした場合、再就職を考えますか。

バーチャルキャリアとは、「あなたならどうするか」、考えることだよ。

答えることのできるものだけでいいよ。そして、答えられないことにはどうして答えられなかったのかを考えてみて欲しい。

第12章 私のワークとライフを考える

バーチャルキャリアのワークからも理解できるように、個人としての生活をつくるには、経済と保障だけではうまくいきません。それ以外にも、職業人としての生活を通じて向上させていく能力として、内的キャリアが必要になってきます（図表12-5）。それが本当の意味での「自立」なのです。

図表12-5 職務に生かされる内的キャリア

個人生活に必要なこと	職務との関連性
社会性	家族・友人・知人などとの関係性形成
考え方・意識	ものごとに対する意識や取り組み姿勢
視野・観点	ものごとに対する気づきやアプローチ
技能・特性	ものごとに対する完成度

能力 [can]

> **ポイント**
> 自分のワークとライフを考えることは……
> ①同時にそれをつくりだす私という人物像を考えること。
> ②それぞれの生活を向上させるための相互関係を理解する。

3 将来への希望

1 自立から希望へ

ワークとライフをつくりだす私、つまり自立した私のみで、あなたは将来に「希望」を見いだし、それが転機にむき合う意味やモチベーションになるでしょうか。

図表 12-6 人がもつ欲求

生理的欲求	衣食住の安定
安全欲求	生命や健康の安全・保健
社会的欲求	社会や組織または人とつながっていることの実感
自我の欲求	自分が成長すること / 人・社会から評価・称賛されること
自己実現の欲求	暮らしが豊かになること / 地位の向上・名誉の獲得 / 他者への影響力をもつこと / いきがい・やりがいをもつこと / プライドをもつこと

図表 12-6 は、アメリカの心理学者であるアブラハム・H・マズローが示した、人がもつ「欲求」です。そして、人はその欲求が達成されたときに、満足感、充実感を得るといわれています。

自立には、生理的欲求と安全欲求、そして自我の欲求としての自分の成長を達成することが必要になります。

> **ワーク**
>
> **欲求について考える**
>
> Q.1 あなたは図表 12-6 の、どの欲求を達成したいですか。
>
> Q.2 その欲求が達成されることが、将来への希望になりますか。

2 ワークとライフから描く将来像

オーストリアの経営学者のピーター・F・ドラッガーは、マネジメント理論を通じて、次のように述べています。

> 組織とはその成果を通じて、社会に貢献することが役割です。それは、組織そのものに価値があるのではなく、その成果に価値がある。そしてその成果をあげるのは、組織で働いている個人です。
> 個人は組織をつうじて、社会に対する貢献・やりがい・プライドや社会的な地位、そしてお金や保障などを得て、自己実現していきます。

職業人としての生活「ワーク」を通じて、個人の生活「ライフ」を彩り豊かにしていくことが、職業人としての生活「ワーク」をいきいきとさせていくことにもなるのです。そして、それは同時に私という人物像も自分にとってよいものにしていくことになります。

しかし、それは職業人としての生活「ワーク」と個人としての生活「ライフ」を、ただ漠然と過ごし、自分の人生の時間をつぶしているだけではかないません。

しっかりと、自分の先の人生に対してその時間をポジティブにすすんでいくための希望（意味・モチベーション）になる自分の将来を想定していくキャリアデザインが必要であることは、いうまでもありません。

いよいよ次の第13章でキャリアデザインをしていきます。

図表12-7　キャリアデザインとは

キャリアデザイン	
自分にとって満足と充実感がある人生とは	
ワーク	**ライフ**
上記の人生のためにどのような職業人としての生活をするのか	上記の人生のためにどのような個人の生活をするのか
上記の人生をつくるためにどのような人物になるのか	

キャリアデザインは、図表12-7が示しているように想定してください。そして、このキャリアデザインが、あなたの先の人生の時間をポジティブにすすんでいくようにするためには、あなた自身がわくわくしたり、心が躍るように想定することです。

👉 ポイント

将来に希望をもつことは……
①自立を維持し、転機にむき合うために必要。
②ワークとライフをいきいきさせるためのモチベーションになる。

第13章
自分の将来を描く

この章で学ぶこと

これまでの章で学んできたことを思いだしながら、ワークを通じて、これから先の自分の人生を具体的に思い描いていきましょう。心が躍る将来像を描くことができれば、未来の時間をポジティブに過ごしていくための希望となります。

1 どのような人生にしたいのか

この章では、いよいよあなたのキャリアデザインを描いていきます。各節のワークを通じて、イメージを具体化していきましょう。

ワーク

どのような人生にしたいのか考える

Q.1 今後、自分の人生をどのようなものにしたいですか。下記の項目から選択してください（複数選択可です）。

- **普通と思える人生**
  衣食住が安定している

- **安全が守られている人生**
  生命の安全や健康が維持されている

- **人から認められ、頼りにされている人生**
  人からよいと評価を受け、必要とされている

- **他者への影響力がある人生**
  常に自分の言葉や姿勢で人によい影響を与える

- **人とよい関係が築けている人生**
  愛と信頼と尊重で人とつながっている

- **自分が成長していける人生**
  自分の成長が実感でき、自分に自信がもてる

- **人のために役に立っている人生**
  人から感謝され、自分に誇りがもてる

- **地位をのぼりつめていく人生**
  仕事において出世を、地域においてはリーダーである

選択肢の上に直接、○をつけてみよう。

第3部　将来を考えるとは

第13章　自分の将来を描く

名誉が獲得できる人生 人より秀でて、 尊敬される	贅沢な人生 潤沢なお金と高価なものに 囲まれている
美しさと若さがある人生 外見的な美しさと 若さを保っている	センスがある人生 センスのよいものや 質のよいものに囲まれている
心が豊かな人生 感受性があり、 人のために共感できる	心穏やかな人生 煩悩に悩まされず 何事にも左右されない
質実剛健な人生 常に自分の価値や ものの価値を理解し、 うまく生かす	好きなことに 囲まれている人生 好きなことをしている。 好きなものを手に入れている

Q.2　いくつ選択しましたか、それはどうしてですか。

なぜその選択肢を選んだのか、隣に座っている人に説明してみよう。
その後で、自分の心がわくわくしている、いいなあと思えているかどうかが重要だよ。

Q.3　Q.1で選んだ選択肢の中から、大学を卒業して10年後のあなたが本気で実現したいものは何ですか。下記に記入してください（最大3つまで）。

選択肢	選択理由

Q.4　その人生では、どのような人たちと過ごしたいですか。

家族、夫、妻、自分の子ども、地元の友人、趣味の仲間、恋人、会社の同僚などを想定して記入してみよう。

2 どのようなワークとライフにしたいのか

ワーク

ワークとライフに求めるものを選ぶ

Q.1 「ワークとライフ」に何を求めますか。大学卒業から10年後の人生を念頭に選択してください（複数選択可）。

ワークとライフに求めるもの	ワークに求める	ライフに求める	両方に求める
他人を元気づける・支援や援助をする			
積極的に影響を与えていく			
出世し、地位や名誉を得る			
権力をもち他者より優位な立場になる			
専門家・プロとして第一人者になる			
セレブや一流の人や企業と交流している			
高収入を得て、豊かな生活を送る			
ブランド品や流行の衣服を身につける			
健康を維持し、経済的に安定を確保する			
身体的な安全が守られている			
家族や友人たちとの時間を大切にする			
ストレスのない生活をする			
体を動かしたり、手でものをつくる			
とにかく積極的に活発に動き回る			
自分だけでものごとを決めず、人間関係を大切にする			
チームワークや家族や友人を尊重する			
他人の指示に従う必要がなく、自分でものごとを決める			
場所に柔軟性をもち、時間を有効に使う			
社会貢献を重んじ、すべてに公正である			
政治や社会に関心をもち、活動する			
異業種や外国の人たちと交流する			
とにかく挑戦を続ける			
常に自分に正直であり、誠実である			
自分の特性や個性を生かす			
美しいものに囲まれたり、創りだす			
自分の創造性を大切にし、文化的な環境を求める			
指示命令系統を重んじ、規律ある環境を求める			
プロジェクトを完成させる			
経済リスクや肉体的リスクを厭わない			
自らの可能性を信じ、ユニークさや経験を求める			

表にチェックを入れてみよう。ワークだけ、ライフだけ、その両方とに分けてチェックしてください。ただし、求めないのであればチェックはいらないよ。

3　私の将来の人物像について

ワーク

なりたい人物像を描く

Q.1　どのような人物になりたいですか。大学卒業から10年後の人生のために、「ワーク」を通じて何を獲得していきますか。

生理的欲求	衣食住の安定	報酬・給料
安全欲求	生命や健康の安全・保障	保険
社会的欲求	社会や組織、または人とつながっていることの実感	人とのよい関係
自我の欲求	自分が成長すること／人・社会から評価・称賛されること	能力の向上／評価を受けること
自己実現の欲求	暮らしが豊かになること／地位の向上・名誉の獲得／他者への影響力をもつこと／いきがい・やりがいを得ること／プライドをもつこと	貢献することでやりがい・プライドを得ること／報酬が上がり豊かな暮らしを獲得すること／評価されることで地位が上がることなど

左の表ではマズローが説いた欲求と対応させて、ドラッガーが示した「ワーク」を通じて獲得するものを右がわの水色の欄に示しているんだ。

上記を参考にして下記のレーダーチャートを作成してください。作成のしかたは、現在のあなたを0としたうえで、そこから何％獲得すればよいのかを考えて、ポインティングしてください。

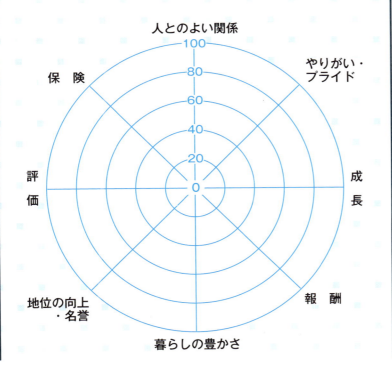

第12章の「1 ワークとライフを考える」の節で学んだ能力についての解説を思いだしてみよう。

Q.2 前記を獲得していくために、あなたは大学卒業から10年後までにどのような能力（内的キャリア）を向上させていきますか。現在のあなたを0としたうえで、そこから何％獲得すればよいのかを考えて、ポインティングしてください。

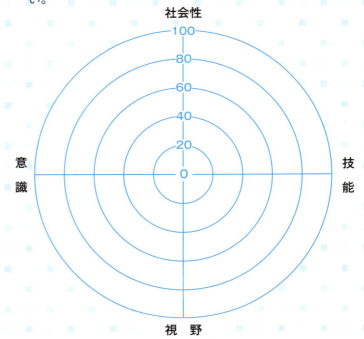

Q.3 Q.1およびQ.2のためにどのような行動ができるようになりますか。下記の行動例をチェックしてみてください。

具体的な行動例			
1 ☐	ルールを守る人	19 ☐	細かいことを気にしない人
2 ☐	元気で丈夫な人	20 ☐	目標を無理なく立てられる人
3 ☐	人の意見を受け入れられる人	21 ☐	自分からすすんで行動する人
4 ☐	自分で決断できる人	22 ☐	途中でやりっぱなしにする人
5 ☐	自分の考えを曲げない人	23 ☐	返事やあいさつがはきはきしている人
6 ☐	皆と協力できる人	24 ☐	人に従ってばかりの人
7 ☐	人にわかるように話せる人	25 ☐	最後までやり遂げる人
8 ☐	皆と合わせることができる人	26 ☐	わからないことを見逃さない人
9 ☐	礼儀正しい人	27 ☐	おとなしい人
10 ☐	経験が豊富な人	28 ☐	考え方がユニークな人
11 ☐	その場に応じて優先順位がつけられる人	29 ☐	計画的に行動する人
12 ☐	行き当たりばったりで行動する人	30 ☐	嘘をつかない人
13 ☐	お願いがきちんとできる人	31 ☐	いろいろなことを知っている人
14 ☐	時間に正確な人	32 ☐	いつまでも決められない人
15 ☐	自由で気ままな人	33 ☐	人の考えを理解しようとする人
16 ☐	なれなれしい人	34 ☐	公平に判断できる人
17 ☐	自分のことしか考えない人	35 ☐	その他（　　　　　　　　　　）
18 ☐	頼りがいがある人		

第3部 将来を考えるとは

第13章 自分の将来を描く

4 人生の時間を考える

ワーク

人生の時間配分を考える

Q.1 自分のめざす将来の人物像に近づいていくために、どのように人生の時間を過ごしていきますか。

ワーク		ライフ				
職業の場面	学びの場面	学びの場面	家庭の場面	市民の場面	趣味の場面	遊びの場面
％	％	％	％	％	％	％

表に、大学卒業から10年後の時間配分を記入してください。合計が100％になるようにしてください。「ワークとライフ」、それぞれの学びの違いも意識しながら考えてみましょう。

Q.2 Q.1のように配分した理由を記入してください。

Q.3 あなたは、ポジティブに人生の時間を過ごしていけますか。

第8章「1 環境とは何か」の節で説明したように、人の暮らしには、家庭、学び、遊び、趣味、市民、職業の場面があります。それを今回は人生の時間に当てはめてみよう。

ポイント

キャリアデザインに大切なのは……
①キャリアデザインをしながら心がわくわくするかどうか。
②わくわくしなければ何度も描き直す。

5 キャリアデザインを整理する

ワーク

自分のキャリアデザインを整理する

Q.1 今まで描いてきたキャリアデザインを、下記の表を使って整理していきましょう。

キャリアデザイン	
自分にとって満足と充実感がある人生とは	
ワーク 上記の人生のためにどのような職業人としての生活をするのか	**ライフ** 上記の人生のためにどのような個人の生活をするのか
上記の人生をつくるためにどのような人物になるのか	

6 まとめ

ワーク

10年後の自分を自己紹介文としてまとめる

Q.1 まとめとして、大学卒業から10年後のあなたの自己紹介文を書いてください。

第14章
キャリアプランをつくる

この章で学ぶこと
将来の進路をある程度見通し、すすむ方向を定める方法を身につけます。今まで学んできたように、将来は変化と成長の連続です。譲れない芯となる部分と状況に合わせて柔軟に動かせる部分を明らかにしてみましょう。

1 「自分のキャリア」って、どんなイメージ

1 キャリアの全体像をイメージしよう

まずは、今の時点で思い描く「自分のキャリア」の全体像をイメージしてみましょう。

ワーク

自分のキャリアをイメージする

Q.1 一言でいうと、どんな人生を歩みたいですか。

Q.2 死んだら、まわりからどんな人だったと語られたいですか。

Q.3 何歳まで働きたいと思いますか。

Q.4 自分の人生にとって、何が一番の幸せだと思いますか。

あまり時間をかけないで、思いついたことをサラッと答えてみよう。
準備体操と思ってくれたらちょうどいいかな。

2 長いスパンで考えてみよう

長いスパンで人生を考えてみると、すすみたい方向へ至る道筋をつかむための<u>ヒント</u>や、<u>協力者</u>を得られる可能性が高くなります。

行きたい方向を常に意識していると、それに関する発言や行動がなにげなく起こるでしょう。たとえば、好きなことについてのポスターや広告の見出しが目についたり、つい友だちとの話題にしたりというのはよくあることです。

そういった発言や行動は、進路選択するときのベストなタイミングや協力者の登場を促す働きがあります。第11章で学んだ「偶然を味方につける」という言葉はまさしくそれを表現しています。

実際に、満足な人生を送っている人たちは、次のワークでとりあげる4つの特性をスキルとして使いこなしているようです。

ワーク

スキル1：好奇心

Q.1　意識的に好奇心を発揮できれば可能性の幅が広がります。自分の経験を振り返りながら、意識的におもしろみを感じ、やってみたことを書きだしてください。

スキル2：持続性

Q.2　つらくても継続できた経験は、困難を乗り越える強さを育てます。気がすすまなくても続けてみた経験を書きだしてください。

スキル3：柔軟性

Q.3　ものごとをいろいろな観点で見る力は、選択の幅を広げてくれます。誰か他者の見方でものごとをみた経験を書きだしてください。

第14章　キャリアプランをつくる

スキル4：楽観性

Q.4 必要以上にものごとを深刻にとらえすぎないことは、人生を楽しむ姿勢を保つのに役立ちます。くよくよ、いらいらを自分でストップできた経験を書きだしてください。

> 苦手なスキルと得意なスキルがはっきりするだけでも意味があります。意識できれば課題として取り組んでみるのもよいでしょう。

入学してからこれまでに、すでに自分の役割や日常生活のルーチン、まわりの人たちとの関係などが変化してきたはずです。つまり、いつのまにか何らかの対応ができていたはずです。

新しい自分の役割について、楽しんで取り組んでいますか。また、日常生活の変化に慣れるために何か工夫や努力などをして、柔軟に対処しましたか。疎遠になった人や新たな知り合いに対して、今までと違う付き合い方を試していますか。変化に対してとまどうことなく、平常心を保てたでしょうか。

これらの試みは、すべて変化に対応する力を磨く手段であるといえるでしょう。何度も繰り返してみることで、確実に対応する力は高まります。

変化が起きることをただ恐れるのではなく、起こったときに立ちむかえる力を養うことが、学生時代にやるべきことのひとつだと考えられます。

👉 ポイント

すすみたい方向を明確にするためにも……
①すすみたい方向に関係のあることに関わってみよう。
②変化に対して意識的に関わってみよう。

3 キャリアパスをイメージしてみよう

「キャリアパス」とは、人生の進路のための道しるべ・道のりを指す言葉です。

長い人生には転機や区切りが必ず訪れ、その時々の年齢やタイミングに合わせながら、人は人生を選択し、すすんでいきます。仕事人生（ワークキャリア）と個人生活（ライフキャリア）の2つの領域について、今後どのようになっていきたいかをイメージしてみましょう。

第3部　将来を考えるとは

ワーク

キャリアパスをイメージする

Q.1　右の欄の例を参考にして年齢と西暦を記入し、今後20年の間にどうなっていきたいかを自由に記入してみましょう。

仕事人生 （ワークキャリア）	個人生活 （ライフキャリア）

現在
　　年
　　歳

5年後
　　年
　　歳

10年後
　　年
　　歳

15年後
　　年
　　歳

20年後
　　年
　　歳

出典：小野田博之『改訂版　自分のキャリアを自分で考えるためのワークブック』日本能率協会マネジメントセンター、2015年、42頁をもとに作成。

吹きだしをつけて、なりたい状況を書き込んでいってください。

例

現在
20XX年
19歳

大学でサークル活動をがんばっている

第14章　キャリアプランをつくる

> 個別のキャリアパスについてふれておくこともポイントだよ。たとえば、結婚はどうするの。子どもをもつことは。親との関係は。引っ越しや移動の可能性は。いつ引退したい。など、こうした項目が吹きだしで登場したかな。

記入したキャリアパスを振り返る

Q.2　吹きだしの数は合計いくつありましたか。

Q.3　ワークとライフでどちらが多いですか。

Q.4　吹きだしの数についてどう感じましたか。

Q.5　はっきり書けるところはどこでしたか。

Q.6　ぼんやりとして書きにくいところはどこでしたか。

Q.7　全体をとおしてどんな感想をもちましたか。

 ポイント

全体像が見えてきたら……
①これから何が必要か考えてみる。
②自分の課題は何か考えてみる。

2 キャリアプランの立て方

1 考え方の特徴を知る

自分のキャリアプランの立て方の特徴を知って、今の自分の考えを確認してみましょう。

ワーク

自分のキャリアプランの特徴を知る

Q.1 次の表で、あなたの考えが近いほうに○をつけていきましょう。

		今のあなたは、どちらに考えが近いですか		
計画の方法	当面の利害が大切	←	→	少し先の将来性が大切
	こだわりを追求する	←	→	可能性を幅広く考える
	職種は絞って情報を集めようと思う	←	→	さまざまな職種について情報を集めようと思う
心がまえ	失敗は考えない、成功のことだけ考える	←	→	失敗したときの回復策を用意しておきたい
	やり始めたら軌道修正は考えない	←	→	やっていくうちに必要であれば軌道修正も考える
	人に頼ることを前提に考えている	←	→	自分で決める覚悟をしている
課題	今後の目標や目的が不明瞭	←	→	今後の目標や目的が明確にある
	今後取り組む課題が不明瞭	←	→	今後取り組む課題が明確にある
問題の解決	計画するうえでの障害を明らかにしている	←	→	計画するうえでの障害をうやむやにしている
	実行するうえでの障害を明らかにしている	←	→	実行するうえでの障害をうやむやにしている
	障害を解決する方法を考えている	←	→	障害を解決する方法を考えていない

Q.2 ○印をつけてみて、気づいた点や感想を書いておきましょう。

ものごとを実現するためには、「計画の方法」「心がまえ」「課題」「問題の解決」が考慮されているとうまくいくと考えられます。

図表14-1　ものごとを実現するためのプロセス

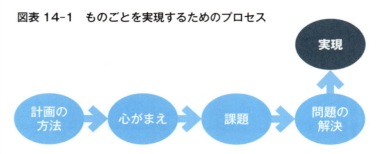

> 希望を実現することと、方向転換の可能性を同時に考えるのはなかなか難しいですね。「思考力が成熟する」とは、まさしく矛盾することを両側から検討できる力のことをいいます。

うまくいかないと感じる場合、人によってはいろいろなバラツキがあるのではないでしょうか。
たとえば、
- 今は、キャリアプランニングに取り組むタイミングではない。
- 項目がどれか欠けている。または必要以上に時間や労力をかけすぎている。
- 取りかかる順番が前後している。

もちろん、すべてが完全に網羅されていないと、実現できないわけではありません。不足しているものや、今まで考慮しなかったものについて考えると、新しいヒントや行き詰まったときの突破口が開ける可能性があります。ぜひ取り入れてみてください。

2　なりたい自分となるべき自分

働き始めて約3年後を想像してみてください。

ワーク

なりたい自分となるべき自分をイメージする

Q.1　どんな自分になっていたいですか。また、何をしていますか（役割や仕事の内容など）。

> 3年後といえば、年齢はいくつかな。どこにいて何をしているんだろうか。

Q.2 どんな自分になるべきだと思いますか。また、何をしていますか（役割や仕事の内容など）。

Q.3 「なりたい」と「なるべき」に違いはありますか。同じですか。違うとすれば、どういう点が違いますか。

　「なりたい」を実現するために取り組むことと「なるべき」を実現するために取り組むことは、できるだけ重なり合うほうが葛藤がなくやりやすいです。

　しかし、まったく重ならない可能性も現実には存在します。冷静に考えてみるとおそらく、「なりたい」自分も「なるべき」自分も重要度はそう違わないのではないでしょうか。どちらか一方を優先すべきというような単純な話ではないはずです。

　大人の判断力を身につけるというのは、葛藤のある中で、いかに健全な妥協や矛盾を受け入れつつ統合を目指して進路を決めていくかということなのです。

　「なりたい」と「なるべき」のせめぎ合いには即答する必要はありません。もしかすると、人生の終わり近くになって答えがでる問いなのかもしれません。今、大学生の自分が、だせる回答から逃げてしまってはいけません。そのつど、置かれた状況でベストを尽くすことがキャリアをつくるうえで最も重要な行動指針であるからです。

☞ **ポイント**
将来を時間をかけてじっくり考えてよい、ただし……
①今の自分の現状を無視しないこと。
②答えをだすタイムリミットを意識すること。

第15章 キャンパスライフから始める

この章で学ぶこと

キャリアを積むということは、ナビゲーションを使って見知らぬ場所へ行くのに似ています。目的地を入力し現在地を読み、方向や距離の見通しを立てつつすすみます。キャンパスライフでの目的地や現在地、方向や距離は何かを考えていきましょう。

1 大学生になって変化したこと

大学生になると、さまざまなことが変化します。それらは想定していたもの、していなかったもの、望んだもの、望まなかったもの、さまざまです。その一つ一つが自分にとってどのような意味をもたらすのかを考えてみましょう。

ワーク

大学生活を振り返る

Q.1 大学生になってから、新たに始まったことと失ったことを書きだしてみましょう。

大学生になってから	新たに始まったこと	失ったこと
日常の習慣・サイクル		
役割・担当		
人との付き合い		
立ち寄る場所・行先		
その他（　　）		

朝起きてから夜寝るまで、どんな行動をしているかな。思い起こしてみよう。

Q.2 それらは計画通りと想定外、どちらがどのくらいの割合の
イメージですか。色を塗ってみましょう。

←計画通り　　　想定外→

Q.3 この割合を見てどう感じますか。

> 計画通りすすむのも悪くないけれど、想定外続出をどのくらいおもしろがることができるかというのも、第11章で学んだクランボルツの「偶然を味方につける」(Happenstance Learning Theory) ポイントだよ。

> 反省や振り返りをするときは、よいところと悪いところの両方を見ること。どちらか一方だけに偏るとうまくいきません。

ポイント
「今」を見つめ直すとは……
① 「これからどうしたいのか」を発見しやすくなる。
② 素直な気持ちで自分に嘘をつかない。

2 目的や目標をもつこと

　目的や目標をもち、それを計画的に実現するには、コツや工夫が必要です。計画通りにいかず苦労しているのは、そのコツや工夫をうまく使いこなせていないからともいえるでしょう。これは練習次第で上達します。まずは、目的や目標の立て方のポイントを考えます。

1 3つの目標

　まずは、「WHY目標（なぜやるのか）」「WHAT目標（何をやるのか）」「DO目標（どうやるのか）」の3つの目標を意識してみましょう。

図表15-1　3つの目標

WHY 目標　なぜやるのか	
考えるときのヒント	心が動くこと 価値観に合うこと 「理想にうっとり」
うまくいかないときの発想転換	完成度にこだわりすぎない 健全な妥協点を意識する 思い切りを発揮してみる 自分のこだわりポイントを見つめ直してみる
たとえば…… 「○○」のためにやる！	・反省／振り返りのため ・記憶力向上のため ・体力向上のため ・ダイエットのため ・表現力向上のため ・ボケ防止のため

WHAT 目標　何をやるのか	
考えるときのヒント	変化のトリガー（ひきがね） 「多角的アイデア」
うまくいかないときの発想転換	WHAT 目標はある種の仮説である 修正する柔軟さを発揮してみる 小さな課題に刻んでみる
たとえば…… 「○○」のためにやる！	・日記をつける ・ランニングをする ・英単語を覚える

DO 目標　どうやるのか	
考えるときのヒント	手続きをシンプルに 明確に動きやすく 「手堅く成功」
うまくいかないときの発想転換	何をすべきかに意識をむけると動きやすくなる 「面倒」と感じる点を上手に分解・小分けしてみる
たとえば…… 「○○」のためにやる！	・ベッド脇に手帳とペンを常備する ・ポケットサイズのメモにそのつど記入する ・ひと駅を 15 分以内で完走する ・汗拭きタオルを常にもつ ・出がけに玄関で 1 個単語を確認する ・駅まで 1 個単語をつぶやく

2　目的や目標を立ててみよう

「WHY 目標」は行動のエネルギー、やりたい気持ちをかき立てる目標がいいな。

ワーク

WHY 目標　なぜやるのか

Q.1　なぜ、それに取り組もうと思うのですか。

WHAT目標　何をやるのか

Q.2　大学生活で取り組んでみたいことは何ですか。

DO目標　どうやるのか

Q.3　その実現のために、まず最初にやるべきことは何だと思いますか。

WHAT目標は自分を変えるもの・変化や成長をもたらすもの。取り組み課題ともいえるよ。

「DO目標」は、目標を実現するために階段をのぼることが必要だよ。目標難度の上げ下げを上手にやるのが腕の見せどころ。

ポイント

3つの目標を達成するには……
①自分の気持ちや意欲の整理が重要なので、誰かに話したり相談にのってもらう。
②目標を達成した人や先人のやり方を聞いたりまねたり、指導を受けてみる。

3　DO目標の分解・小分け

DO目標を使いこなすのが計画実現のポイントです。手堅く成功できる大きさに小さく分解してみましょう。または、面倒でない程度に小分けするのもいいですね。図表15-2では、例を3つだしました。

図表15-2　DO目標を分解してみる

この図表をさらに細かく分解し、「いつやれるのか」「重要度は」「とりかかりやすさは」といった項目に分けてみます。

用語

シャドーイング
耳にした英語を少し遅れて、小声で追いかける訓練。同時通訳者のトレーニングで用いられる。

図表 15-3　分解した DO 目標をさらに小分けにする

DO 目標	いつやれるのか	重要度は	とりかかりやすさは
留学生と友だち	すぐに	＜中＞仲よくなりたいが遊ぶ時間がない	＜中＞クラスにいる
シャドーイング	毎日通学時	＜高＞慣れるため、発音練習	＜易＞いつでも
旅　行	バイト後	＜低＞短期的、単発的だから	＜難＞資金不足

計画の実現のためには、3つの目標をバランスよく検討することが大切です。

👉 ポイント

DO 目標は……
①手堅く成功が見込めるように分解する。
②階段をのぼるように、とりかかれるところから一つ一つ実行する。

ワーク

DO 目標を分解する

Q.1　自分の DO 目標を、図表 15-3 を参考にして分解、小分けしてみましょう。

DO 目標	いつやれるか	重要度は	とりかかりやすさは

3 学びを生かすこと

学んできたことを生かすために、今までのことを整理していきましょう。

1 勉学で得たことを生かす

> **ワーク**
>
> **自分の「学習すること」への態度を振り返る**
>
> Q.1 「学習すること」に対する自分の態度を振り返ってみましょう。たとえば、文献や資料を読んで学習する場面で、自分のやっていることに印をつけてみましょう。
>
> | 読解のポイント | 文献や資料を読んで学習する場面で |
> |---|---|
> | 文章の
要点把握 | □ 内容のまとめに簡単な図や表を書く |
> | | □ 大切なところに線を引く |
> | 文章の
構造理解 | □ 接続詞（しかし・そして　など）に注目して読む |
> | | □ 文章の組み立て（構造）を考えながら読む |
> | 文章の
意味明瞭化 | □ 簡単にいうとどういう内容か考えながら読む |
> | | □ 難しい言葉は自分の言葉で言い直す |
> | 既知知識利用 | □ 自分が今まで知っていることと比べながら読む |
> | | □ 新しい言葉から具体的な状況を思い浮かべる |
> | 記憶に
インプット | □ 大切な文は考えずにそのまま覚えようとする |
> | | □ 難しい言葉や内容はとりあえず丸暗記してしまう |
> | コントロール | □ わからなくなったら、わからなくなったところから戻って読み直す |
> | | □ 意味がわからないときや難しいときは繰り返し読む |
>
> 出典：犬塚美輪「説明文における読解方略の構造」『教育心理学研究』（日本教育心理学会）50号、2002年より一部改変

もし、理解力を上げたいのなら、どの力が弱いのかを自覚する必要があります。もし、読解のポイントの中でまったくやったことのない項目があったら試してみる価値はあるでしょう。とくに、自分の経験として深く意味を理解するためには「既知知識利用」の活用は欠かせません。

2 経験から得たことを生かす

> **ワーク**
>
> **学習するときに自分がやっていることを振り返る**
>
> Q.1 「学習すること」に対する自分の態度を振り返ってみましょう。たとえば、文献や資料を読んで学習する場面で、自分のやっていることに印をつけてみましょう。
>
> | 自分の態度 | いつも | ときどき | めったにない |
> |---|---|---|---|
> | やり方がわからなくても引き受けてみる | | | |
> | 問題や困難があると、解決しようとする | | | |
> | 目標は高い水準に設定するようにしている | | | |
> | 必要があれば責任を負う | | | |

「めったにない」にいくつか印をつけたあなたは、正直ではありますが、チャンスを逃すもったいない人です。

「経験」は「やったことのないもの」に挑戦しなければ得られません。それには必ず失敗がつきものです。また、失敗を恐れる気持ちがゼロになることはないでしょう。つまり、ゼロになるのを待って行動するというのは現実的ではありません。勇気をもってむき合ってみましょう。

> **ワーク**
>
> **失敗を恐れる気持ちにむき合う**
>
> Q.1 失敗を恐れる気持ちがどのくらいまでなら行動に移せるでしょうか。動けると思える割合まで色を塗りましょう。
>
> | 0% | 10% | 20% | 30% | 40% | 50% | 60% | 70% | 80% | 90% | 100% |
> |---|---|---|---|---|---|---|---|---|---|---|
> | | | | | | | | | | | |

3 モチベーションを吟味してみる

ワーク

自分のモチベーションを知る

Q.1 はじめて挑戦する経験に出会ったとき、頭に浮かぶ考えに〇印をつけてみましょう。

判断ポイント	チェック欄	考え
❶重要性		この活動はどのくらい重要なのか
❷興味・関心		この活動は自分にとって興味があるか
❸実用性		この活動は自分の将来にどのくらい関係するのか
❹機会損失		この活動よりほかにいい活動はないのか
❺努力量		この活動はどのくらいがんばらないといけないのか
❻失敗の恐怖		できるかどうか不安だ

　私たちは、ある行為について　成功率が高く、価値があると思ったときにのみ、行動に至るモチベーションが発動します。しかし、現実には経験不足や知識不足などから成功率や価値がよくわからないまま手探りで動きださなければならないことも多くあります。

図表15-4　行動に至るための思考の比重

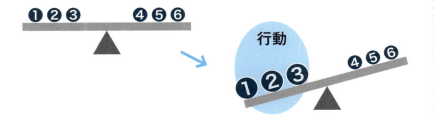

数字は上のワークの❶〜❻の項目に対応しています。❶❷❸と❹❺❻はトレードオフの関係にあります。❶❷❸のほうに傾いているとき、行動に至ります。

👉 ポイント

勇気をだして動くためには……
①行動の価値を高めるために自分なりの考えをもつ。
②成功率を高めるために自分なりに行動をする。

用語

機会損失
利益を得る機会を失うこと。たとえば、ほかにいい活動があるのに、今やってることを継続したためにやり損ねてしまったなど。

大学生活は可能性の連続。とにかく、行動してみないと可能性は広がらないし、自分にとってよい悪いの判断基準も身につきません。

将来展望をもつために〈第3部のまとめ〉

　第3部「将来を考えるとは」（第11章～第15章）では、第1部・第2部での学びや気づきをふまえて、将来のワークとライフを考え、キャリアプランをつくるとともに、キャンパスライフから始めることを学びました。ここでも重要なポイントを復習し、今後の取り組みに生かしましょう。

●第11章　なぜ、将来を考えるのか
　将来の自分を思い描けるのは人間だけであり、人間らしい営みといえます。自分らしく人生を歩んでいくには、現在の「希望」を出発点として、自分の将来を描くことが有効であり、その結果として、進路やキャリアの選択がしやすくなります。「希望」にむけて人生をすすんでいきましょう。

●第12章　私のワークとライフを考える
　職業人としての生活である「ワーク」と個人としての生活である「ライフ」は人生の両輪であり、密接に関わっています。この両方を充実させることができれば、自分らしい人生を過ごすことができます。どちらも重要であることを理解して、どのような人生を過ごしたいのかを考えましょう。

●第13章　自分の将来を描く
　これまでの学びをふまえ、人生を具体的に考えましたが、自分の思いや気持ちを描けましたか。十分に描けなくても、焦る必要はありません。1回の授業や1つの教科で描けるものではないので、やり方を理解して、あなたにとって適切な機会をとらえ、これからの将来を描いてみましょう。

●第14章　キャリアプランをつくる
　長期的な将来を見通すワークを経て、キャリアプランの立て方を学びました。キャリアプランをつくることができそうでしょうか。キャリアプランは自分らしく人生を過ごすための手段であり、キャリアプランをつくること自体が目的ではないので、その点に注意しましょう。

●第15章　キャンパスライフから始める
　プランを立てたものについては、できるものから取り組みを始めて、実現に近づけていくことが大切です。まずは、現在の学生生活を点検して、より充実したキャンパスライフを実現できるようにしましょう。そのような取り組みが、皆さんの将来のキャリアにもつながっていくはずです。

第3部で学んだこと、気づいたことは、これからも「将来を考える」ために役立ちます。学んだことを確認し、気づきを深めるために、下のワークをとおして、皆さん自身でも振り返りをしましょう。

> **ワーク**
>
> **将来展望をもつことにむけて**
>
> Q.1 第3部であなたが学んだこと、気づいたことは、どのようなことでしょうか。また、あなたが自分にとっての課題であると感じたのは、どのようなことですか。自由に書いてみましょう。
>
> (1) 学んだこと、気づいたこと
>
> [   ]
>
> (2) 自分にとっての課題
>
> [   ]
>
> Q.2 自分にとっての課題について、今からできることは何でしょうか。実際にできることで、あなたが取り組んでみようと思ったことを書いてみましょう。
>
> [   ]

キャリア教育概説 ── 何のためのキャリア教育か

●キャリア教育とは

　教育行政において、「キャリア教育」という用語が使われたのは、「接続答申」と呼ばれる中央教育審議会答申が初めてです（中央教育審議会、1999）。ここでは初等中等教育から高等教育までをとおして、キャリア教育を行うことの重要性が指摘され、キャリア教育の定義も示されました。

　その後、何回か定義が示されましたが、2011年の中教審答申が示したものが最新で、現在でも用いられています。その内容は、「一人一人の社会的・職業的自立に向け、必要な基盤となる能力や態度を育てることを通して、キャリア発達を促す教育」（中央教育審議会、2011）というものです。これは、初等中等教育から高等教育までのすべての教育機関におけるキャリア教育に共通する考え方として示されています。

　重要なキーワードは、「社会的・職業的自立」です。「一人一人」の児童・生徒・学生が将来において、社会人・職業人として自立していけるような能力や態度を育てる教育活動がキャリア教育だということになります。また、「必要な基盤となる」とは、教育機関を終えてから、どのような分野にすすんだとしても、必要となる基礎的・基本的な能力や態度を育むという意味です。

●初等中等教育におけるキャリア教育

　小中高等学校では、どのようにキャリア教育が行われているのでしょうか。公立の中学校に通っていた皆さんは、ほとんどすべての人が「職場体験活動」を経験したと思います。また、公立の高等学校を卒業した人は、インターンシップを経験した人もいるでしょう。しかし、体験学習だけがキャリア教育ではありません。

　2017年3月に告示された「小学校学習指導要領」「中学校学習指導要領」と2018年3月に告示された「高等学校学習指導要領」では、総則において、「社会的・職業的自立に向けて必要な基盤となる資質・能力を身に付けていくことができるよう、特別活動を要としつつ各教科等の特質に応じて、キャリア教育の充実を図ること」（文部科学省、2017a、2017b）と記載されています。高等学校では、「各教科等」が「各教科・科目等」（文部科学省、2018）となっているだけで、あとは同じです。つまり、小中高等学校では、特別活動を「要」としながら、すべての教育活動をとおして、キャリア教育を展開することになっているということです。

●高等教育におけるキャリア教育

　一方、大学においては、大学によって呼称は異なりますが、「キャリア教育科目」「キャリアデザイン科目」「キャリア開発科目」といった科目を設置して、教育課程の中で、キャリア教育を展開することが一般化してい

ます。また、「キャリアセンター」「キャリア開発センター」「キャリア支援センター」などと呼ばれる事務部門も、学生サービスとしてのキャリア支援を提供しています。

　このような体制は、学校設置基準において、「大学は、当該大学及び学部等の教育上の目的に応じ、学生が卒業後自らの資質を向上させ、社会的及び職業的自立を図るために必要な能力を、教育課程の実施及び厚生補導を通じて培うことができるよう、大学内の組織間の有機的な連携を図り、適切な体制を整えるものとする」(文部科学省、2010)と規定された枠組みにしたがったものです。つまり、大学では教育課程の内外、具体的には大学や学部が提供する授業科目とキャリアセンターなどが提供する学生サービスの両方を通じて、キャリア教育を展開することになっているのです。皆さんも、キャリア教育に関する科目の授業を受けたり、キャリアセンターなどが行うセミナーやガイダンスに参加したりすると思います。

●身につける力

　小学校から大学までのキャリア教育において、身につけるべき力として「基礎的・汎用的能力」(文部科学省、2011)が示されています。具体的には、「人間関係形成・社会形成能力」「自己理解・自己管理能力」「課題対応能力」「キャリアプランニング能力」の4つです。

　これらは、どのような分野にすすんだとしても、必要となる基礎的・基本的な能力であると位置づけられており、これを身につけて、社会的・職業的自立を果たすことが期待されているといえます。

●何のためのキャリア教育か

　では、何のためのキャリア教育なのでしょうか。ここまでの概説で答えは示されていますが、大切なのは、キャリア教育の主人公は、皆さん自身であるということです。

　キャリア教育の考え方では、「一人一人」という点が強調されています。皆さんの「一人一人」が「社会的・職業的自立」に必要な能力や態度を身につけるためです。また、そのようにして「社会的・職業的自立」を果たした皆さんが、社会の中で自分らしく生きていくためです。

　そのためには、皆さんと「社会」を「つなぐ」こと、皆さんの「現在」と「将来」を「つなぐ」ことが大切です。別の言い方をすれば、「社会を知る」「自分を知る」「将来を考える」ことが必要になります。本書は、このような枠組みに沿って編集されています。

　本書に盛り込まれたワークをとおして、皆さんが「社会」「自分」「将来」についての気づきを得たり、気づきを深めたりして、「社会的・職業的自立」を果たしていかれることを願っています。

引用・参考文献

- アブラハム・H・マズロー著、小口忠彦訳『改訂新版　人間性の心理学――モチベーションとパーソナリティ』産業能率大学出版部、1987 年
- 犬塚美輪「説明文における読解方略の構造」『教育心理学研究』50 号、日本教育心理学会、2002 年
- エドガー・H・シャイン著、二村敏子・三善勝代訳『キャリア・ダイナミクス――キャリアとは、生涯を通しての人間の生き方・表現である。』白桃書房、1991 年
- 小野田博之『改訂版　自分のキャリアを自分で考えるためのワークブック』日本能率協会マネジメントセンター、2015 年
- ジョン・L・ホランド著、渡辺三枝子・松本純平・道谷里英訳『ホランドの職業選択理論――パーソナリティと働く環境』雇用問題研究会、2013 年
- ピーター・F・ドラッガー著、上田惇生訳『マネジメント――基本と原則』ダイヤモンド社、2001 年
- 厚生労働省「厚生労働省編職業分類」2011 年
- 厚生労働省「平成 29 年簡易生命表」2017 年
- 総務省「日本標準職業分類」2009 年
- 総務省「日本標準産業分類」2013 年
- 総務省統計局「労働力調査の解説（第 4 版）」2015 年
- 総務省統計局「労働力調査（基本集計）平成 29 年（2017 年）平均（速報）結果の要約」2018 年
- 中央教育審議会「初等中等教育と高等教育との接続の改善について（答申）」1999 年
- 中央教育審議会「今後の学校におけるキャリア教育・職業教育の在り方について（答申）」2011 年
- 文部科学省「大学設置基準及び短期大学設置基準の一部を改正する省令」2010 年 2 月 25 日
- 文部科学省「小学校学習指導要領」2017 年 3 月 31 日
- 文部科学省「中学校学習指導要領」2017 年 3 月 31 日
- 文部科学省「高等学校学習指導要領」2018 年 3 月 30 日
- 労働政策研究・研修機構「VPI 職業興味検査（第 3 版）手引」2002 年
- 労働政策研究・研修機構「職業レディネステスト（第 3 版）手引」2007 年
- 労働政策研究・研修機構「職業レディネステスト（第 3 版）大学生等のための職業リスト」2013 年

索引

かな　　　　　　　　　（五十音順）

あ行
アルバイト……9
一般雇無事業主……7
一般常雇……7
インターンシップ……76

か行
家族従業者……7
完全失業者……3-5
完全失業率……4, 5
機会損失……129
企業……26, 29
キャリア……54
キャリア開発……97
キャリアデザイン……97, 105
キャリアパス……116
キャリアプラン……97
休業者……3
契約社員……9
雇有業主……7
厚生労働省編職業分類……18, 20
個人経営……7
雇無業主……7
雇用形態……8
雇用者……7
雇用者比率……8
雇用動向調査……2

さ行
産業……10, 12, 16, 26
3文字コード……22
自営業主……7
自己肯定感……48
自己効力感……48
自尊心……48
自分観……54
社会的分業……16
シャドーイング……125
就業者……3, 5
従業者……3
就業状態……2
就業率……4, 5
就職活動……70
常雇……7

職業……10, 12, 16
職業選択……70, 77
職業分類……19, 20
職業レディネステスト……22, 23
嘱託……9
ジョハリの窓……61
人生の転機……94
正規の職員・従業員……8
生業……15
早期離職……34

た行
転機への不適応……95

な行
内職者……7
日本標準産業分類……12
日本標準職業分類……14, 18, 20

は行
パート……9
ハローワークインターネット
　　サービス……18-20
非正規の職員・従業員……8, 9
日雇……8
非労働力人口……3
普通職業名……18
ベストマッチング……35
ホランドの6領域……19, 21, 22

や行
役員……7
欲求……104

ら行
リアリティショック……35
臨時雇……8
労働市場……2
労働者派遣事業所の派遣職員……9
労働力人口……3-5
労働力人口比率……4
労働力調査……2, 5, 15

欧文　　　　　　　　　（アルファベット順）

B to B……31
B to C……30
DPT分類……19, 22, 23
VPI職業興味検査……22

編著者

川﨑友嗣 (かわさき ともつぐ)
担当：はじめに、第1部第1～3章、各部のまとめ、キャリア教育概説
元・関西大学 社会学部　教授、キャリアデザイン担当主事

著者

安川直志 (やすかわ ただし)
担当：第1部第4章・第5章、第2部第6～10章、第3部第11～15章（すべて共同執筆）
株式会社NCSA 代表取締役、関西大学　非常勤講師、
キャリアデザインアドバイザー、キャリア・カウンセラー

安川志津香 (やすかわ しづか)
担当：第1部第4章・第5章、第2部第6～10章、第3部第11～15章（すべて共同執筆）
関西大学　非常勤講師、キャリアデザインアドバイザー、
キャリア・コンサルタント、教育カウンセラー、産業カウンセラー

堀田三和 (ほった みわ)
担当：第1部第4章・第5章、第2部第6～10章、第3部第11～15章（すべて共同執筆）
関西大学　非常勤講師、キャリアデザインアドバイザー、
キャリア・カウンセラー、産業カウンセラー

協力

松田剛典 (まつだ たかのり)
一般社団法人 キャリアラボ　代表理事

編集協力
株式会社 桂樹社グループ

本文デザイン
近藤可奈子

本文イラスト
阿久津毅

大学生のためのキャリアデザイン
自分を知る・社会を知る・未来を考える

| 2019年9月20日 | 初版第1刷発行 | 〈検印省略〉 |
| 2025年2月20日 | 初版第5刷発行 | |

定価はカバーに
表示しています

編著者	川﨑　友　嗣
	安　川　直　志
著　者	安　川　志津香
	堀　田　三　和
発行者	杉　田　啓　三
印刷者	藤　森　英　夫

発行所　株式会社　ミネルヴァ書房
607-8494　京都市山科区日ノ岡堤谷町1
電話代表　(075) 581 - 5191
振替口座　01020 - 0 - 8076

©川﨑, 安川, 安川, 堀田, 2019　　亜細亜印刷

ISBN978-4-623-08487-6
Printed in Japan

大学生のためのキャリアデザイン

はじめての課題解決型プロジェクト

松田剛典 / 佐伯 勇 / 木村亮介　編著

B5判　美装カバー　144頁　本体 2,000 円

プロジェクト開始から振り返りまでこれ1冊でOK!

キャリア教育やキャリア支援がさまざまな形で実施されているなか、プロジェクト型学習（PBL）を始める大学生のために問題解決までの流れをできるだけわかりやすくまとめました。

理論編 PBLとキャリア教育のかかわりについて解説。

実践編 プロジェクトを進める流れを分解し、順を追って実行する際のポイントをワーク形式で実践的に学ぶ。

番外編ではチームづくりやビジネスマナーも取り上げ、巻末には大阪労働協会 Ai-SPEC（アイスペック）の主催する「実践型課題解決プロジェクト」で最終選考会に残ったチームの実践事例も紹介しています。

目次

はじめに

第1部　PBL理論編
- 第1章　キャリア教育とPBL
- 第2章　社会で必要な能力とPBLで伸びる力
- 第3章　PBLとは何か

第2部　PBL実践編
- 第4章　課題解決の流れとは？
- 第5章　課題の整理
- 第6章　情報収集
- 第7章　課題の分析
- 第8章　課題の解決策を考える
- 第9章　行動計画の立案と実践
- 第10章　プレゼンテーションの準備
- 第11章　リハーサル
- 第12章　振り返り

番外編1　チームづくり
番外編2　依頼元を訪問する際のマナー

巻末資料　ワークの記入例
　　　　　プレゼン資料の例
　　　　　取り組み事例集

参考文献
索引

ミネルヴァ書房
http://www.minervashobo.co.jp/